हिन्दी, उर्दू और हिन्दुस्तानी

हिन्दी, उर्दू और हिन्दुस्तानी

पद्मसिंह शर्मा

लोकभारती प्रकाशन

लोकभारती प्रकाशन
पहली मंजिल, दरबारी बिल्डिंग, महात्मा गांधी मार्ग
प्रयागराज-211 001

वेबसाइट : www.lokbhartiprakashan.com
ईमेल : info@lokbhartiprakashan.com

शाखाएँ : 1-बी, नेताजी सुभाष मार्ग, दरियागंज
नई दिल्ली-110 002
अशोक राजपथ, साइंस कॉलेज के सामने
पटना-800 006
1, अनमोल सोराबजी संतुक लेन, धोबी तलाव,
मरीन लाइंस, मुम्बई-400 002

लोकभारती से पहला संस्करण : 2012
दूसरा संस्करण : 2016
This book is printed on **Print on Demand**
Technology : 2024

HINDI, URDU AUR HINDUSTANI
by Padmsing Sharma

ISBN : 978-81-8031-320-2

मूल्य : ₹695

परिचय

यह लिखते हुए बड़ा दुःख होता है कि प्रस्तुत पुस्तक स्वर्गीय पंडित पद्मसिंह शर्मा जी की अन्तिम साहित्यिक कृति है। इसमें एकत्र की गई सामग्री हिन्दुस्तानी एकेडमी की तीसरी कॉन्फ्रेन्स के अवसर पर 5, 6, 7, मार्च 1932 को व्याख्यान-रूप में पढ़ी गयी थी। स्वर्गीय पंडित जी का यह विचार था कि छपने से पूर्व इस पर एक दृष्टि डाल लें। परन्तु काल की कुटिल गति ने उनकी इस इच्छा को पूर्ण न होने दिया।

इलाहाबाद में व्याख्यान देने के कुछ दिनों बाद आप ज्वालापुर चले गये थे। वहाँ आप पर प्लेग का आक्रमण हुआ। बीमारी की दशा में ही आप अपनी जन्मभूमि, नायक-नगला, जिला बिजनौर, ले जाए गए। वहीं पर विगत 7 अप्रैल, 1932 को आप का देहान्त हो गया। जिस समय हमें इस दुर्घटना का समाचार मिला सहसा उस पर विश्वास न हुआ क्योंकि इसके दो सप्ताह पूर्व पंडित जी इलाहाबाद में थे और शरीर और मन से खूब स्वस्थ थे।

पंडित पद्मसिंह शर्मा जी की मृत्यु द्वारा हिन्दी संसार को बड़ी क्षति पहुँची है। संस्कृत के अतिरिक्त आप हिन्दी और उर्दू के प्रकांड पंडित थे। समालोचना के क्षेत्र में आप का विशेष आदरणीय स्थान था। आपकी काव्यमर्मज्ञता प्रसिद्ध थी। हिन्दी की आप ने लगभग तीस साल तक अमूल्य सेवा की है।

आपका जन्म सं. 1933 वि.,फाल्गुन सुदी 12 तदनुसार 25 फरवरी, 1877 ई. को हुआ था। आपके पिता श्रीयुत उमरावसिंह जी

अपने गाँव के मुखिया, नम्बरदार और प्रभावशाली प्रतिष्ठित पुरुष थे। उन्होंने ही अपने पुत्र का विद्यारम्भ कराया। यह आर्यसमाजी विचारों के तथा संस्कृत के पक्षपाती थे। अतएव पद्मसिंह जी को उन्होंने कई पंडित अध्यापक रखकर संस्कृत का ही अध्ययन कराया; 'सारस्वत', 'कौमुदी', 'रघुवंश' आदि की घर पर ही शिक्षा पाकर सन् 1894 में कुछ समय तक स्वर्गीय पंडित भीमसेन शर्मा इटावा-निवासी की पाठशाला में प्रयाग में आपने 'अष्टाध्यायी' पढ़ी। फिर बनारस, मुरादाबाद, लाहौर और जालंधर में भी आपने संस्कृत का अध्ययन किया और बीच-बीच में घर पर रहकर उर्दू-फारसी का अभ्यास एक मुन्शी और दूसरे मौलवी साहब से किया।

सन् 1904 में कुछ दिनों तक आपने गुरुकुल काँगड़ी में पढ़ाने का काम किया और यहीं पर स्वर्गीय मुंशीराम जी के 'सत्यवादी' साप्ताहिक पत्र के सम्पादकीय विभाग में रहे। सन् 1908 में आप 'परोपकारी' मासिक पत्र के सम्पादक होकर अजमेर गए। 'अनाथरक्षक' का भी सम्पादन कुछ काल तक किया।

सन् 1909 में आप ज्वालापुर महाविद्यालय में आए और 1917 तक आपका सम्बन्ध इस संस्था से रहा। आप महाविद्यालय में पढ़ाने के अतिरिक्त 'भारतोदय' का सम्पादन करते रहे जो पहिले मासिक था बाद में साप्ताहिक हो गया था। आप महाविद्यालय के मन्त्री भी रहे।

सन् 1917 में शर्मा जी के पिता जी का देहान्त हो गया। इस कारण आपको महाविद्यालय छोड़कर घर जाना पड़ा।

सन् 1918 में आप बनारस के ज्ञानमंडल से सम्बद्ध हो गए और वहाँ से प्रकाशित कई पुस्तकों का आपने सम्पादन किया। यहीं से आपका बिहारी पर प्रसिद्ध सजीवनभाष्य प्रकाशित हुआ। सन् 1920 में आप युक्तप्रान्तीय छठे हिन्दी साहित्य सम्मेलन के सभापति हुए। सन् 1923 में आपको अपने सजीवनभाष्य पर हिन्दी साहित्य सम्मेलन से मंगलाप्रसाद पारितोषिक प्रदान हुआ।

सन् 1928 में आप मुज़फ़्फरपुर में होने वाले अखिल भारतीय हिन्दी-साहित्य सम्मेलन के भी सभापति हुए। दूसरे वर्ष आपने अपने आलोचनात्मक लेखों का मूल्यवान् संग्रह 'पद्मपराग' प्रथम भाग प्रकाशित कराया। आप इसका दूसरा भाग शीघ्र प्रकाशित करने के उद्योग में थे।

आपके अन्तिम दिनों में आपका एकेडेमी से घनिष्ट सम्बन्ध हो गया था, उसके कार्यों में आप विशेष दिलचस्पी लेते थे। हमारे विचार में प्रस्तुत पुस्तक का पंडित पद्मसिंह शर्माजी की रचनाओं में विशेष महत्व का स्थान है। हम आशा करते हैं कि हिन्दी के विज्ञ पाठक इसका समुचित आदर करेंगे।

19-8-32

ताराचंद
जनरल सेक्रेटरी

अनुक्रम

●

हिन्दी, उर्दू और हिन्दुस्तानी

नाम

"पादाङ्गं सन्धि-पर्वाणं स्वर व्यञ्जन-भूषितम्।
यमाहुरक्षरं विप्रास्तस्मै वागात्मने नमः।।

हिन्दी, उर्दू और हिन्दुस्तानी का झगड़ा कोई सौ बरस से चल रहा है, आज तक इसका फ़ैसला नहीं हुआ कि इनमें से भाषा का कौन-सा रूप राष्ट्र-भाषा समझा जाए और कौन-सी लिपि राष्ट्र-लिपि ठहरा ली जाए।

हिन्दीवाले चाहते हैं कि ऐसी विशुद्ध भाषा का प्रचार हो जिसमें संस्कृत तत्सम् शब्दों का प्राचुर्य रहे, और यदि सरलता अपेक्षित हो तो विशुद्ध तद्भवों से ही काम लिया जाए; विदेशी भाषा के शब्दों का भरसक बहिष्कार हो, प्रत्युत् जहाँ आवश्यकता विवश करे वहाँ संस्कृत से ही पारिभाषिक शब्द भी गढ़ लिए जाएँ। कुछ विशुद्धतावादियों के मत में तो 'लालटेन' का प्रयोग करना अशुद्धि के अन्धकार में पड़ना है, उसके स्थान में वह 'दीप-मन्दिर' या 'हस्त-काचदीपिका' का प्रकाश अधिक उपयुक्त समझेंगे।

उर्दूवाले नए-नए मुअर्रब और मुफ़र्रस अलफ़ाज़ तक से गुरेज़ करते हैं और उनके बजाय अरबी और फ़ारसी की मुस्तनद लुग़ात से इस्तलाहात नौ-ब-नौ से अपने तर्ज़े-तहरीर में ऐसा तसन्नों पैदा करते हैं कि उनका एक एक फ़िक़रा 'ग़ालिब' के बाज़ मुशकिल मिसरे की पेचीदगी पर भी ग़ालिब आ जाता है और बसा औक़ात अलफ़ाज़ की नशिस्त ऐसी होती है कि जुमले के जुमले महज़ इतनी बात के मोहताज

होते हैं कि ख़ालिस फ़ारसी (अजमी) शक्ल अख़्तियार करने में सिर्फ़ हिन्दी अलफ़ाज को फ़ारसी अलफ़ाज में तबदील कर दिया जाए और बस।

विशुद्ध हिन्दी और फ़सीह उर्दू-ए-मुअल्ला की एक दरम्यानी सूरत का नाम 'हिन्दुस्तानी' कहा जाता है; जिसमें सक़ील और ग़ैर-मानूस अरबी फ़ारसी अलफ़ाज़ और दुरूह तथा दुर्बोध संस्कृत के क्लिष्ट शब्दों से जहाँ तक हो सके बचने की कोशिश की जाती है और इस पर ध्यान रखा जाता है कि नित्य के कारबार में जो शब्द और मुहावरे बोलचाल में काम आते हैं वही पोथियों में और अखबारों में भी बरते जाएँ।

इन तीनों रूपों में एक-एक कठिनाई है, विशुद्ध हिन्दी और खालिस उर्दू, पुस्तकों और समाचार-पत्रों के बाहर, बहुत ही कम काम में आती है। पण्डितों के व्याख्यान और मौलवियों के खुतबे मुश्किल से सुननेवालों की समझ में आते हैं, और इनका दायरा बहुत ही महदूद है—क्षेत्र अत्यन्त संकुचित है। हिन्दुस्तानी में यह कठिनाई है कि शास्त्रों के गूढ़ और गहन विषयों पर जब कभी कोई ग्रन्थ या लेख लिखना पड़ता है तो लेखक अपने शब्द-भण्डार को काफ़ी नहीं पाता और अपने 'हिन्दुस्तानी' के दायरे को छोड़कर कभी उसे ख़ालिस उर्दू की तरफ़ और कभी विशुद्ध हिन्दी की ओर झुकना पड़ता है और उनसे परिभाषाएँ या इस्तलाहें उधार लेनी पड़ती हैं।

ख़ालिस और विशुद्ध फ़िरके और सम्प्रदायवाले जनता या आवाम को इतना ऊँचा उठाना चाहते हैं कि उनकी मामूली बोलचाल ऐसी फ़सीह और परिमार्जित हो जाए कि बोली जानेवाली और लिखी जानेवाली भाषा में भेद न रहे। हिन्दुस्तानी के पैरोकार यह दावा करते हैं कि बोल-चाल की भाषा स्वाभाविक रास्ते पर चलेगी, बनावट से यह जबरदस्ती ऊँचे नहीं उठाई जा सकती। विशुद्ध पक्षवाले हिन्दुस्तानी की यह निर्बलता बतलाते हैं कि उसका भण्डार इतना रीता है की वैज्ञानिक ग्रन्थों की रचना तो क्या उसमें उच्च कोटि की कविता भी नहीं हो सकती—वह विशेष प्रकार की अनुभूतियों और अभिव्यक्तियों के प्रकाशन का साधन नहीं बन सकती-खयाल अपने ज़ोर में मनचाही ऊँची उड़ान नहीं ले सकते; हिन्दुस्तानी में कुछ स्वाभाविक कविता हो सकती है पर वह अनन्त की ओर दौड़ नहीं लगा सकती, —अपने संकीर्ण-क्षेत्र में ही उछल-कूद कर रह जाती है। ऐसी दशा में 'हिन्दुस्तानी' भाषा

प्रमाण या आदर्श मान ली जाए, तो साहित्य और ज्ञान-विज्ञान का सर्वसाधारण से कोई सम्बन्ध नहीं रह जाएगा। संक्षेप में वर्तमान झगड़े का यही स्वरूप है।

हमारे देश में विदेशियों से व्यवहार, व्यापार और संघर्ष हजारों बरस से चला आ रहा है, और उनमें भी मुसलमानों से विशेष रूप से, लगभग एक हज़ार साल से, सम्बन्ध हो गया है। मेरी समझ में जो लोग केवल राजनीतिक सम्बन्ध या सियासी ताल्लुक़ात पर ही जोर देते हैं, वह भूलते हैं। मुसलमानों से, सामाजिक और व्यापारिक सम्बन्ध, राज्नीतिक की अपेक्षा अधिक रहा है। लड़ाइयाँ निरन्तर नहीं होती रहतीं और राज-काज भी हर शहर और हर बस्ती में इतना सार्वजनिक प्रभाव डालनेवाला और व्यापक नहीं हुआ करता, परन्तु बाहर से आकर बस जानेवाले विदेशी, बस्तियों के भीतर कभी बिलकुल अलग-अलग—चुपचाप मौन साधकर—नहीं रह सकते। अपने पड़ोसियों से मेल-जोल,लेन-देन, बनिज-व्यापार कारबार और व्यवहार किए बिना उनका काम नहीं चल सकता, और यह सब कुछ मूक या नीरव भाषा में होना असम्भव है। इस प्रकार के सम्बन्ध अधिक व्यापक, अधिक प्रभावशाली और निरन्तर बने रहनेवाले-चिरस्थाई या देरपा-होते हैं, इनका प्रभाव भाषा पर स्थाई और अमिट होता है। इसी लिए हमारी यह सहेतुक धारणा है कि राजनीतिक की अपेक्षा सामाजिक सम्बन्ध का भाषा के ऊपर बहुत गहरा असर पड़ता है। यह बात मैं मानता हूँ कि साधारण श्रेणी के विदेशियों से सब से अधिक सम्पर्क, सेनावाली बस्तियों और बाज़ारों में होता है। परन्तु साथ ही यह बात भी याद रखनी चाहिए कि जब विदेशियों की एक बड़ी संख्या कहीं आकर बस जाती है, तो इसका काम सिर्फ सेनाविभाग में नौकरी करने से नहीं चल सकता; फिर ऐसी बस्तियों में सिपाहियों के सिवाय पेशेवर, रोज़गारी, मज़दूर, किसान और दफ़्तरों में काम करनेवाले अमले भी रहते ही हैं, उन सब का भी भाषा पर सम्मिलित प्रभाव पड़ता है।

फ़ारसी, अरबी, तुर्की, पुर्तगाली और फ़िरंगी शब्द, बँगला, मराठी गुजराती आदि और भाषाओं में भी मिले-जुले पाए जाते हैं। जहाँ इनकी संख्या बहुत बढ़ी हुई है, वहाँ इनके अधिक प्रयोग की शैली भी पृथक् हो गई है। जैसे गुजराती में हिन्दी-गुजराती के साथ-साथ, पारसी-गुजराती की भी एक पृथक् शैली चलती है, जिसमें फ़ारसी शब्दों की बहुतायत

है। सौभाग्य से वहाँ लिपि-भेद का प्रश्न कभी पैदा ही नहीं हुआ, नहीं तो शायद हिन्दी उर्दू का सा झगड़ा वहाँ भी खड़ा हो जाता। बँगला में, नित्य की बोलचाल में, 'दरकार', 'पोशाक', 'आईना', 'बालिश', इत्यादि फ़ारसी के सैकड़ों शब्द काम में आते हैं। 'आलमारी' 'बासन'(बरतन), 'बजरा' (डोंगी), 'बिस्कुट', 'काजू' (फल), 'फ़ीता', 'गोदाम', 'गिरजा', 'इंगला (रा) ज' (अँगरेज़) 'जुलाब', 'जानाला' (जंगला), 'नीलाम', 'लेबू' (नीबू), 'मारतौल' (हथौड़ा), 'मास्तूल' (मस्तूल), 'पादरी' 'पिस्तौल' 'तामाक' (तमाकू) 'बियाला' (बाजा), 'अचार' (अचार, चटनी) चाबी' (कुंजी), 'तौलिया', 'कुर्त्ता' आदि अनेक पुर्तगाली शब्द, जो बँगला में प्रचलित हैं थोड़े से हेर-फेर के साथ हिन्दी, मराठी, गुजराती आदि अन्य भारतीय भाषाओं में भी व्यवहृत होते हैं। बात यह है कि विदेशियों का सम्पर्क, जिस प्रान्त में जितनी कमी-बेशी के साथ रहा है उसी हिसाब से उन-उन प्रान्तों की बोलियों में विदेशी शब्द भी घुलमिल गए हैं। भारत की कोई प्रान्तीय भाषा ऐसी नहीं है जिसमें विदेशी शब्दों की एक अच्छी संख्या शामिल न हो। यह सब कुछ होते हुए भी किसी विदेशी भाषा ने ऐसी प्रबल चढ़ाई हमारे देश पर नहीं की है कि किसी देशी बोली को एकदम निकालकर बाहर कर दे और ख़ुद उसकी जगह ले ले। जिस तरह विदेशी आकर बस जाता है और अपनाए हुए देश की भाषा, संस्कृति, चाल-ढाल, रीति-रिवाज, वेष-भूषा ग्रहण कर लेता है, उसी तरह उसके साथ आए हुए बाहरी शब्द भी अङ्गीकृत देश के शब्दों का रंग-रूप ग्रहण करके उसके व्याकरण की अधीनता स्वीकार कर लेते हैं। इस तरह, चाहे वह विजयी जातियों के साथ ही क्यों न आए हों, पर विजित देश की शब्द-राशि में मिलकर अपनी पृथक् सत्ता को गँवा ही बैठते हैं, या यों कहना चाहिए कि देशी भाषा के निरन्तर आक्रमण, संघर्ष और घेरघार से विजित होकर—हार मानकर—आत्म-समर्पण कर देते हैं और 'यथानियम अपनी' शुद्धि कराकर देशी चोला धारण कर लेते हैं।

ख़ालिस उर्दू के सैकड़ों शब्द ऐसे हैं जो अपने पूर्वरूप को एक दम खो बैठे हैं—अपने पहले वाच्यार्थ से अब कोई सरोकार नहीं रखते—बल्कि कइयों का तो रूप ऐसा बिगड़ गया है कि यह पहचाने तक नहीं जाते कि किस देश से आए हुए हैं, और किस जाति या वंश के विभूषण हैं। कई की सूरत शक्ल तो बदस्तूर वही है पर मतलब-मानी में

कहीं के कहीं जा पहुँचे हैं। इसके कुछ उदाहरण—

"फ़ैलसूफ़" यूनानी शब्द है, अरबी में हकीम का और अंगरेज़ी में फ़िलासफ़र या डाक्टर का जो अर्थ है वही यूनानी में इसका है; पर उर्दू में आकर ग़रीब 'मक्कार' और दग़ाबाज़ बन गया। फ़ैलसूफ़ी = मक्कारी।

"ख़सम"—अरबी में प्रतिद्वन्द्वी या शत्रु को कहते हैं। उर्दू में इसने प्रियतम पति का स्थान ग्रहण कर लिया, शत्रु से परम मित्र हो गया! रूप वही है पर अर्थ में कितना अन्तर है।

'सैर' 'तमाशा'—अरबी में फ़क़त रफ़्तार (गति-सामान्य) को कहते हैं। उर्दू में कहते हैं, "चलो बाग़ की सैर देख आएँ।" अजब तमाशा है।

"ऐसे में चलिए कीजे तमाशा अक्सर परियाँ आई हैं।"

"आ यार चलके देखें बरसात का तमाशा।" (इन्शा)

"तकरार"—अरबी में दुबारा कहने (पुनरुक्ति) या काम करने को कहते हैं, उर्दू में 'तकरार' लड़ाई-झगड़ा है।

"ख़ातिर"—अरबी फ़ारसी में दिल या ख़याल के मौक़े पर बोलते हैं। उर्दू में कहते हैं, इतना हमारी ख़ातिर से मान जाओ; या उनकी बड़ी ख़ातिर की।

"दिल की ख़ुशी की ख़ातिर चख डाल माल धन को,
गर मर्द है तू आशिक़ कौड़ी न रख कफ़न को।" (नज़ीर)

'रोज़गार'—फ़ारसी में ज़माने को (समय या काल) कहते हैं; हिन्दी में 'रोज़गार' नौकरी-धन्धा है।

"ख़ैरात"—अरबी शब्द है यानी नेकियाँ। उर्दू में कहते हैं कुछ 'ख़ैरात' दो, अर्थात् दान-पुण्य करो।

"मुफ़लिस"—फ़ारसी में कंगाल को कहते हैं, पर कलकत्ते में उसे कहते हैं जिसके स्त्री न हो। जब कोई किसी मकान में भाड़े के लिए कमरा या कोठरी तलाश करता है, तो घरवाला पूछता है—'आप गृहस्थ है या मुफ़लिस? इस मुफ़लिसी के मारे कितने ही बेचारों को घर भाड़े पर नहीं मिलता।

"पावरोटी"—डबल रोटी को कहते हैं। कारण यह है कि पुर्तगाली भाषा में 'पाओ' रोटी का नाम है। परन्तु हमारी भाषा में 'पाओ' शब्द 'पाव' के रूप में एक ख़ास किस्म की रोटी का नाम पड़ गया। 'पाव'

के साथ 'रोटी' का प्रयोग पुनरुक्ति है, पर इसका प्रचार हो गया है। सिर्फ़ पाव कहने से रोटी कोई न समझेगा। इत्तफ़ाक़ से डबल रोटी, जिसके असली मानी मोटी और फूली हुई रोटी के है, शायद यह अर्थ रखता है कि 'पावरोटी' में 'रोटी' शब्द डबल यानी दो बार आया हुआ है।

पुर्तगाली 'फ़ाल्टो'' के मानी हमारे 'फ़ालतू' में ज्यों के त्यों हैं, पर उच्चारण बदल गया है।

इसी तरह 'डिगरी', 'कोरट', 'अपीलांट', 'कलट्टर', 'डिप्टी', 'कमिश्नर', 'सुपरडन्ट', 'कप्तान', 'कमीदान', 'कराबीन', 'इस्कूल', 'लम्प', 'माचिस' 'करासीन', 'अन्जन', 'सिंगल', 'पतलून', 'बास्कट', 'क्लर्क', इत्यादि सैकड़ों अँगरेज़ी शब्द घिस-पिस कर—बाना बदल कर—हमारी भाषा में आ गए हैं। अब इन्हें इनके उसी पूर्वरूप में धकेलना—हिन्दी या उर्दू में भी इनका वही उच्चारण करना, जो असल अँगरेज़ी रूप में है—उलटी गंगा बहाना है, क्योंकि यह शब्द अब अँगरेज़ी नहीं रहे, हिन्दुस्तानी उच्चारण की छाप लगाकर हिन्दुस्तानी बन गए हैं। हिन्दुस्तानी में इनका यही रूप और उच्चारण शुद्ध और सही है।

इसी प्रकार अरबी फ़ारसी के वह शब्द, जो हिन्दी या हिन्दुस्तानी में आ गए हैं, उनका वही रूप शुद्ध है जिसमें वह बोले जाते हैं। उनके असल रूप में सही उच्चारण करना सर्वसाधारण के लिए सम्भव भी नहीं है; जैसे 'स्वाद' और 'से' या 'ज़े' 'ज़ाल' 'ज़ो और 'ज़्वाद' वाले शब्दों का सही तलफ़्फ़ुज़ मामूली हिन्दुस्तानी मौलवियों के लिए मुश्किल है, सर्वसाधारण पढ़े-लिखों की तो बात ही क्या है। इसलिए, यदि, हिन्दुस्तानीपन का ध्यान रक्खा जाए तो उच्चारण-भेद के कारण जो झगड़ा भाषा में पैदा हो गया है, वह आसानी से बहुत कुछ मिट सकता है। लेकिन दिक्क़त यह है कि असूल के तौर पर—सिद्धान्त रूप में—इस बात को ठीक मान लेने पर भी इस पर अमल या व्यवहार नहीं हो रहा। 'पंचों का कहना सिर-माथे पर, पर परनाला वहीं बहेगा' वाली बात हो रही है? केवल विदेशी भाषाओं के शब्दों का उच्चारण भेद ही झगड़े का कारण नहीं हैं, अपनी भाषा के ठेठ हिन्दुस्तानी शब्दों के बारे में भी यही बात है। प्रान्तीय भेद के कारण एक ही शब्द भिन्न-भिन्न रूप में बोला जाता है। यद्यपि लिखने में उसका एक ही रूप रहता है पर बोलने में लहजा या टोन जुदा-जुदा होती है। यह बात कुछ हमारी हिन्दी ही के

सम्बन्ध में नहीं है, संस्कृत और अँगरेज़ी के उच्चारण में भी है। बंगालियों का संस्कृत उच्चारण बँगला ढंग का होता है, दक्षिणियों का दक्षिणी ढंग का और मदरासियों का इन दोनों से जुदा अपने ढँग का। राजशेखर ने अपनी काव्य-मीमांसा में संस्कृत और प्राकृत के उच्चारण-भेद पर बहुत कुछ लिखा है। किस प्रान्त के लोग प्राकृत का उच्चारण अच्छा करते हैं और किस जगह के संस्कृत का। इस पर ख़ूब बहस कर के संस्कृत और प्राकृत के लिए पांचाल प्रान्त तथा संयुक्त प्रदेश (मध्यदेश) वालों का उच्चारण आदर्श माना है।[1] जैसे सय्यद इन्शा ने उर्दू के लिए दिल्लीवालों का।

सय्यद इन्शाअल्ला ने 'दरिया-ए-लताफ़त में उर्दू शब्दों के उच्चारण-भेद पर उदाहरण दे देकर बहुत विस्तार से बहस की है—मिट्टी और मट्टी हरन और हिरन, मुहल्ला और महल्ला, छिपना और छुपना, खिलाना, खुलाना और खलाना, ढाँकना, ढाँपना, थाँबना, थाम्ना, चाकू, चाक् लोन, नोन, दुगना, दूना, कभी, कधी, य, यू और या, वो, वह और वुह, उसको और उसकू, मिंह और मेंह, एसी और ऐसी—मैं, में और मीं, में और मैं, कहीं और कहूँ, तुम और तम, हिलना और हलना, रलना और रुलना, घिसना और घसना, लड़कई, लड़काई, लड़कापन, लड़कपन, पुर और पूर, मुहान और मूहान, य्हाँ और यहाँ, प्यारा और पियारा, मुआ और मरा, इत्यादि बहुत से शब्द हैं, जिनमें उच्चारण-भेद या प्रान्तीयता का रूप-भेद ही झगड़े का सबब है। इन्शाअल्ला ने इन शब्दों के उदाहरण देकर उर्दू या ग़ैर उर्दू का फ़ैसला किया है। इनमें से जिस शब्द का जो उच्चारण देहली में प्रचलित है (या था), उसे सही या अहले ज़बान की उर्दू माना है, बाक़ी को ग़लत उर्दू

---

1. मार्गानुगेन निनदेन निधिर्गुणानां
सम्पूर्णवर्णारचनो यातिर्विभक्तः।
पाञ्चालमण्डलभुवां सुभगः कवीनां
श्रोत्रे मधु क्षरति किञ्चन काव्यपाठः ।। (का. मी. 7 अध्याय)
"गौडाद्याः संस्कृतस्थाः परिचितरुचयःप्राकृते लाटदेश्याः
सापभ्रंशप्रयोगाः सकलमरुभुवष्टक्कमादानकाश्च।
आवन्स्याः पारियात्राः सह दशपुरजैभूर्तभाषां भजन्ते
यो मध्य मध्यदेश निवसति स कविः सर्वभाषानिषण्णः।।" (का. मी. 10 अध्याय)

या टकसाल बाहर की बोली कहा है। साहित्यिक वा परिष्कृत भाषा के लिए स्थान विशेष की भाषा को आदर्श मानना पड़ता है, जिस प्रकार अंगरेज़ी भाषा के लिए पार्लमेंट की भाषा आदर्श मानी जाती है। इसी तरह उर्दू-कविता की भाषा का आदर्श देहली की ज़बान मानी गई। पर भाषा का यह आदर्श नियन्त्रण बोलचाल की भाषा के लिए ठीक और मुनासिब नहीं माना जा सकता। सय्यद इन्शा ने तो सारी देहली की भाषा को भी फ़सीह उर्दू या 'उर्दू-ए-मुअल्ला' नहीं माना। 'उर्दू-ए-मुअल्ला' या लाल क़िले के आसपास की बस्ती—कुछ गिने-चुने मुहल्लों की, फिर उनमें भी कुछ ख़ास लोगों की, जो देहली के क़दीम बाशिन्दे 'शरीफ़' और 'नजीब'—(जिनके माँ-बाप दोनों देहली के पुराने बाशिन्दे) हैं, उन्हीं की भाषा को उर्दू माना है। देहली में जो बाहर के लोग इधर-उधर से आकर बस गए हैं, उनकी भाषा को भ्रष्ट या टकसाल बाहर की ज़बान कहा है। बाहरवालों की बोली पर खूब फब्तियाँ उड़ाई हैं, सख़्त कड़ी चुटकियाँ ली हैं। देहली के गिने-चुने लोगों की भाषा को ही यदि उर्दू कहा जाए तब तो यह ठीक है—और इन्शा ने इसी दृष्टि से इस पर विचार किया है—पर उर्दू से यदि देश भाषा या 'हिन्दुस्तानी' मुराद ली जाए, जैसा कि वह है, तो इस संकुचित दृष्टि को छोड़ना पड़ेगा, क्योंकि भारत भर के सब उर्दू बोलने और लिखनेवाले 'दिल्ली के रोड़े' नहीं बन सकते।[1] हिन्दुस्तान एक बहुत बड़ा मुल्क—महादेश है। वह सब दिल्ली

---

1. उर्दू के धनी तो मौलाना 'हाली' को भी (जिनकी सारी उम्र देहली में रहते बीती थी, और 'ग़ालिब' और 'शेफ़्ता' जैसे वाकमाल बुजुर्गों के सत्सङ्ग और सोसाइटी में रहने का जिन्हें निरन्तर सौभाग्य प्राप्त हुआ था, और जो स्वयं एक आदर्श और उच्चकोटि के क्रान्तिकारी कवि थे, सिर्फ इस क़सूर के कारण कि उनका जन्म दिल्ली में न होकर पानीपत में हुआ था यानी वह दिल्ली के रोड़े न थे)—उर्दू-ए-मुअल्ला का मालिक या फ़सीह और टकसाली उर्दू लिखनेवाला नहीं मानते थे। हाली ने 'दिल्ली की शाइरी का तनज़्ज़ुल शीर्षक कविता में, जो यहाँ उद्धृत की जाती है, इसी 'दुर्घटना' का उल्लेख किया है, जो सुनने लायक़ है—

इक दोस्त ने हाली के कहा अज़ रहे इन्साफ़,
करते हैं पसन्द अहले-ज़बां उसके सुख़न को।
चन्द अहले-ज़वाँ जिनको कि दावा था सुख़न का,
बोले कि नहीं जानते तुम शेर के फ़न को।
शाइर को यह लाज़िम है कि हो अहले ज़बाँ से,

के चन्द मुहल्लों में नहीं समा सकता। किसी करामात से यह नामुमकिन बात मुमकिन हो भी जाए—सारे हिन्दुस्तान के सब उर्दू बोलनेवाले, 'उर्दू-ए-मुअल्ला' और उसके पास के मुहल्लों में किसी तरह समा भी जाएँ तो भी इस हालत में वह 'नजीब' और 'शरीफ़' की उस तारीफ़ में तो दाख़िल न हो सकेंगे, जो इन्शा ने की है। अहले ज़बान या उर्दू की फ़साहत के फ़ैसले में इन्शा ने इरशाद फ़रमाया है।

लेकिन असलश् शर्तस्त कि नजीब बाशद, यानी पिदरो मादरश् अज़ देहल बाशन्द, दाख़िल फ़ुसहा गश्त।''

" لیکن اصلش شرط است کہ نجیب باشد یعنی پدر و مادرش از دہلی باشد داخل فصحا گشت ۔"

हो छू न गई ग़ैर ज़बाँ उसके दहन को।
मालूम है हाली का है जो मौलिदोमन्शा,
उर्दू से भला वास्ता हज़रत के वतन को?
उर्दू के धनी वह हैं जो दिल्ली के हैं रोड़े,
पंजाब को मस उससे न पूरब न दकन को।
बुलबुल ही को मालूम हैं अन्दाज़ चमन के,
क्या आलमे-गुलशन की ख़बर ज़ाग़ो-ज़ग़न को?
हाली की ज़बाँ गर बमिसले नहरे-लयन हो,
ख़ालिस न हो तो कीजिए क्या लेके लयन को।
हरचन्द कि सनअत से बनाए कोई नाफ़ा,
पहुँचेगा न वह नाफ़-ए-आहू-ए ख़ुतन को।
माना कि है बेसाख़्तापन उसके बयाँ में,
क्या फूँकिए इस साख़्ता बेसाख़्तापन को।
ये दोस्त ने हाली के सुनी जब कि तअल्ली,
हक़ कहने से वह रख न सका बाज़ दहन को।
कुछ शेर थे याद उनके पढ़े और ये पूछा—
क्यों साहबो! इज़्जत इसी उर्दू से है फ़न को?
सच ये है कि जब शेर हों सरकार के ऐसे,
क्यों आप लगे मानने हाली के सुख़न को।
हाली को तो बदनाम किया उसके वतन ने,
पर आपने बदनाम किया अपने वतन को। (दीवाने-हाली)

यानी, मुस्तनद और सही उर्दू उसी की समझी जाएगी जो 'नजीब' (कुलीन) होगा अर्थात् जिसके माँ-बाप दोनों दिल्ली के बाशिन्दे हों, उसी का शुमार फ़सीहों में होगा।

"फ़साहत दर देहली हम नसीब हर कस नेस्त, मुनहसिर अस्त दर अशख़ास मादूदा।"(22 पृ.)

" فصاحت در دہلی ہم نصیب ہر کس نیست منحصر است در اشخاص معدود۔ "

अर्थात्, देहली में भी हर किसी के हिस्से में फ़साहत नहीं हैं, चन्द चुने हुए आदमियों को ही नसीब हुई है।

लेकिन इन्शा का यह फ़तवा उन्हीं के वक्त की, और वह भी सिर्फ़ शहर की ज़बान के हक़ में, ठीक माना जाए तो माना जाए; अब तो यह क़ैद कभी की टूट चुकी है, उर्दू बहुत आगे बढ़ गई है।

सय्यद इन्शा ने 'उर्दू-ए-मुअल्ला' के लिए जो क़ैद लगाई है—जो शर्तें पेश की हैं—यदि उनका उसी रूप में पालन किया जाता, इन्शा की पेश की हुई शर्तों के मुताबिक़ ही भाषा लिखी बोली जाती, तो उर्दू भाषा का दायरा इतना महदूद या संकुचित हो जाता कि वह एक शहर के कुछ मुहल्लों की बोली बनकर रह जाती; उर्दू को जो व्यापक रूप आज प्राप्त है वह उसे कभी नसीब न होता। "उर्दू के असालीब-बयान" के लेखक ने उर्दू भाषा के भविष्य पर बहस करते हुए, उसे विस्तृत और व्यापक भाषा बनाने के साधनों का उल्लेख करते हुए लिखा है:—

"दरिया-ए-लताफ़त" जो इस क़िस्म के मज़ह काख़ेज़ ख़यालात का एक ख़ासा क़ीमती ज़ख़ीरा है, उर्दू ज़बान की इस बदक़िस्मती का एक ज़बरदस्त पुज़हिर है।"

इसके आगे उन्होंने इन्शा के उस आदर्श भाषायुग को उर्दू ज़बान का 'अहदे-जाहिलिया' कहा है। पर यह अहदे-जाहिलिया (मूर्खता का युग)

दहन—मुँह। मौलिदोमंशा—जन्मभूमि, निवास-स्थान। मस—लगाव, छूना। आलमे-गुल्शन—फुलवाड़ी। ज़ागो-ज़गन —कौआ-चील। नहरे-लवन—शहद की नहर। सनअत —कारीगरी। नांफ़ा —हिरन की नाभि की गाँठ जिसमें कस्तूरी रहती है। आहू-ए-ख़ुतन—ख़ुतन देश का कस्तूरी मृग। बेसाख़्तापन—अकृत्रिमता, स्वाभाविकता। तअल्ली —डींग। फ़न—कला।

इन्शा के साथ ही समाप्त नहीं हुआ, उनके बाद भी बरसों तक उसे लेकर आदर्श भाषावादियों में द्वन्द्व-युद्ध चलता ही रहा—दिल्ली और लखनऊ के स्कूलों की लड़ाई, इसी आदर्शवाद के आधार पर जारी रही, जो अब तक भी किसी न किसी रूप में मौजूद है। 'उर्दू के असालीब-बयान' के लेखक इस संकीर्ण आदर्शवाद से खिन्न होकर लिखते हैं:

"इन्शा अल्ला ख़ाँ तो ख़ैर उस दौर के इनसान थे जो उर्दू ज़बान का 'अहदे जाहिलिया' कहलाया जा सकता है। अहयाय-उलूम के मौजूदा ज़माने में भी हमें बाज़ हस्तियाँ ऐसी नज़र आती हैं, जो इस क़िस्म के ख़यालात की अलमबरदारी करते हुए अपने तईं उर्दू का मुहसिन शुमार कराना चाहती हैं। लेकिन हम जुरअत के साथ इस अमर का इज़हार कर देना चाहते हैं कि इस क़िस्म के लोग उर्दू के हक़ीकी ख़िदमत-गुज़ार होना तो कुजा, यक़ीनी बदख़्वाह हैं। इन लोगों को दुनिया-ए-उर्दू में ज़िन्दा रहने का कोई हक़ हासिल नहीं, जो एक दकियानूसी ख़याल पर अड़े हुए हैं और उनके सद्दे-राह होते हैं, जो उर्दू को एक हमागीर ज़बान बनाने की सख़्त जद्दोज़हद कर सकते हैं।"

सय्यद इन्शा ने फ़सीह और गैर -फ़सीह उर्दू पर बहस करते हुए ख़ूब ही बाल की खाल निकाली है। 'दरिया-ए-लताफ़त' के दूरदान-एसोम (तीसरे अध्याय) में उस वक्त की सोसाइटी की बोलचाल के दस-बारह नमूने दिए हैं, जिनमें हिन्दू-मुसलमान, स्त्री-पुरुष, मालिक-नौकर, पढ़े-लिखे-अनपढ़, देहली-निवासी और देहली-प्रवासी, शहरी और देहाती सब शामिल हैं। नमूने की उन बोलियों को पढ़कर हँसी आती है, और आश्चर्य भी होता है, कि इन्शा ने फ़सीह उर्दू का जो आदर्श अपनी पुस्तक में उपस्थित किया है, उसकी उन उदाहरणों में कहीं गन्ध भी नहीं मिलती। और तो और खुद इन्शा ने मिर्ज़ा जान-जानाँ 'मज़हर' से अपनी मुलाक़ात का हाल लिखते हुए, अपनी बोली का जो नमूना दिया है, वह बहुत ही विचित्र है, जिसमें क्रिया और कारक के दो एक शब्दों ('से', 'में' और 'हुआ हूँ;) को छोड़ कर हमारी तो समझ में कुछ आया नहीं कि जनाब इन्शा ने हज़रत जान-जानाँ से यह क्या फ़रमाया या अर्ज़ किया है। हम उसे ज्यों का त्यों नागराक्षरों में देते हैं:—

"इब्तदाए-सिन सबा से ता अवायले-रीआऩ और अवायले-रीआऩ से अलल-आन इश्तियाके-मिलई ताक़ तक़बील उतबए-आलिए न बहद्द

था, कि सिलक़े-तहरीरो-तक़रीर में मुन्तज़िम हो सके, लिहाज़ा बेवास्ता ओ वसीला हाज़िर हुआ हूँ।''('दरिया-ए-लताफ़त')

हमें डर है कि इन्शा साहब की फ़सीह बोल-चाल की उर्दू को हम नागरी-लिपि में सही नक़ल न कर सके हों, इसलिए इस इबारत को 'दरिया-ए-लताफ़त' से फ़ारसी अक्षरों में ज्यों का त्यों उद्धृत किए देते हैं:—

" ابتدائے سن صباسے تااوائل ریعان اوراوائل ریعان سے لی ان اشتیاق مالایطاق تقبیل عتبۂ عالیہ نہ بحدے تھا کہ سلک تحریر وتقریر میں منتظم ہو سکے لہٰذا بے واسطہ ووسیلہ حاضر ہوا ہوں۔ "

(دریائے لطافت)

मालूम नहीं सय्यद इन्शा ने जानजानाँ साहब के साथ ही ख़सूसियत के साथ ज़राफ़त से यह तर्ज़े-गुफ़्तगू अख़्तियार किया था या सर्वसाधारण से भी वह उसी भाषा में बातचीत करते थे? सम्भव है उस वक्त के महाविद्वानों के परस्पर व्यवहार में इस भाषा का प्रयोग होता हो, या अपनी विद्वत्ता का सिक्का बैठाने के लिए ही पहली मुलाक़ात में इन्शा ने यह बनावटी बोली बोली हो। जो कुछ भी हो, यह उर्दू तो है नहीं। ऐसी कृत्रिम पण्डिताऊ भाषा आजकल भी कुछ लोग कभी-कभी बोलते सुने जाते हैं।

एक सज्जन के दाहिने पाँव के अँगूठे में पत्थर से टकराकर चोट लग गई थी, उस पर पन-कपड़ा बाँध रक्खा था, लँगड़ाकर चलते थे। आप कुछ संस्कृत भी जानते हैं और विशुद्ध हिन्दी के परम पक्षपाती हैं। मैंने पूछा, "आपके पाँव में क्या हुआ?" बोले—"दक्षिण पाद के अंगुष्ठ में प्रस्तर के आघात से व्रण हो गया है, उस पर आर्द्र वस्त्र वेष्टन कर रक्खा है, इससे लाभ की पूर्णतया सम्भावना है; अन्य प्रकार की अप्राकृत चिकित्सा-प्रणाली का मैं विरोधी हूँ।"

नाम-भेद का झगड़ा

हिन्दी-उर्दू के झगड़े में नाम-भेद भी एक मुख्य कारण बना हुआ है। हमारी भाषा के विभिन्न नामों की उत्पत्ति और उनके प्रचार के इतिहास पर विचार करना यहाँ उचित प्रतीत होता है।

उर्दू के बहुत से हिमायती, इस रोशनी के ज़माने में भी, यह कहते सुने जाते हैं कि हिन्दी एक नया और कल्पित नाम है, जो हिन्दुओं ने उर्दू का बायकाट करने की गरज़ से गढ़ लिया है। दरअसल हिन्दी कोई भाषा नहीं, उर्दू ही इस देश की असली ज़बान है। इसी तरह बहुत से हिन्दीवालों को उर्दू नाम से कुछ चिढ़-सी है। वह उर्दू के बारे में ठीक वैसा ही मत रखते हैं जैसा उल्लिखित उर्दूवाले हिन्दी के विषय में। पर यदि इस नाम-भेद के विवाद पर ऐतिहासिक दृष्टि से निष्पक्ष होकर विचार किया जाए, तो यह दोनों ही पक्ष कुछ भ्रान्त से जँचते हैं। जो लोग हिन्दी नाम को कल्पित या मनगढ़न्त समझकर नाक-भौं चढ़ाते हैं, या इस नाम की प्राचीनता या सत्ता ही को स्वीकार नहीं करते, वह एक ऐतिहासिक सत्य का अपलाप करते हैं। 'हिन्दी' उर्दू की अपेक्षा, बहुत ही पुराना और सर्वमान्य नाम है। जिस भाषा का नाम आजकल 'उर्दू' प्रचलित है, इसके लिए उर्दू के पुराने लेखकों और कवियों ने 'हिन्दी' शब्द का ही अपने ग्रन्थों में सर्वत्र व्यवहार किया है; उर्दू का नाम कहीं नहीं आया। 'उर्दू' शब्द उस समय भाषा के लिए निर्मित ही नहीं हुआ था, फिर आता कैसे?

बहुत से लोग 'उर्दू' शब्द के व्यवहार को (भाषा के लिए) शाहजहाँ के समय से मानते हैं। बहुत दिनों तक उर्दू की उत्पत्ति का काल भी यही माना जाता रहा है, अर्थात् शाहजहाँ के शासन-काल में दिल्ली का उर्दू-बाज़ार (छावनी) उर्दू भाषा की जन्मभूमि या सूतिकागृह है, ऐसा समझा जाता रहा है। पर यह दोनों ही धारणाएँ निराधार और केवल किंवदन्ती ही हैं। इनकी पुष्टि में कोई दृढ़ ऐतिहासिक वा साहित्यिक प्रमाण नहीं मिलता, जिसका निरूपण हम आगे चलकर उर्दू की उत्पत्ति के प्रकरण में करेंगे। उर्दू नाम कब से चला, इसका विचार आगे आ रहा है।

हिन्दी

भारत की इस भाषा के जितने नाम प्रचलित हैं, 'हिन्दी' उन सब में पुराना है। इस नाम की सृष्टि हिन्दुओं ने नहीं की, और न उन्होंने इसका प्रचार ही किया है; हिन्दू लेखकों ने तो इसके लिए प्रायः सर्वत्र 'भाषा'

शब्द का ही प्रयोग किया है।[1] भाषा के लिए हिन्दी शब्द के सर्वप्रथम

1. भाषा भणति थोर मति मोरी।—(तुलसीदास)

ख़ालिक़बारी के उदाहरण—

'हिन्दवी' विश्नों तो नाम चरख़ा बेचारा पीरज़न,
गोयन्द नाम रहटा दर हिन्दवी बचन।
मुश्क काफ़ूरस्त कस्तूरी कपूर,
हिन्दवी आनन्द शादी ओ सरूर
संग पाभर जानिए धरकन उठाय,
अस्प मीराँ हिन्दवी घोड़ा चलाव।
आईना आरसी कि दरो रूए बिनगरी,
सेवा बहिन्द्वी कि सुनए नाम चाकरी।
देहीम ताजो-अफ़सर दर हिन्दवी मुकट,
ज़ागे बुरीदा पर-रा तू जान काग कट।
तप लर्ज़ा दर हिन्दवी आमद जूड़ी ताप,
दर्दे-सर आमद सिर की पीड़ा तग है धाप।
ज़म्ब गुनह जो कहिए दोष, ख़शमों-ग़ज़ब दर हिन्दवी रोष।

हिन्दी निहार-ओ-दिगर योम रोज़स्त जानो,
बहिन्दी ज़बाँ द्यौस दिनरा पचहानो।
शाना-ओ-मश्तस्त दर हिन्दी ज़बाँ
कंघी आमद पेश तो करदम बयाँ।
नमक मलह हैं लोन शीरीं है मीठा,
बहिन्दी ज़बाँ बेमज़ा हस्त सीठा
दोक तकला सूत बाशद रीसमा,
जान रेसोदन बहिन्दी कातना।
शर्मो-हया दर हिन्दी लाज,
हासिल कहिए बाज़खिराज।
दादन देना दाद दिया फेल का
क़र्ज़ो-दामो-दैन दर हिन्दी उधार।
पस बहिन्दी पम्बारा मी दाँ कपास,
नस्त्र करगस बूम उल्लू-बू-बास

इत्यादि

नामकरण का सारा श्रेय मुसलमान लेखकों और कवियों ही को दिया जा सकता है। हिन्दुओं का इसमें ज़रा हाथ नहीं। इस बात को सभी आधुनिक उर्दू इतिहास लेखकों ने स्वीकार कर लिया है—'उर्दू'-ए-क़दीम' 'तारीख़े-नस्र-उर्दू', 'पंजाब में उर्दू' इत्यादि ग्रन्थों के विद्वान् लेखकों ने बड़ी खोज के साथ यह साबित कर दिया है कि उर्दू का सब से पुराना नाम "हिन्दी" ही है। अमीर खुसरो की 'ख़ालिक़-बारी' में, (जो उर्दू-हिन्दी का सब से पुराना कोश है), सब जगह 'हिन्दी' या 'हिन्दवी' ही आया है। उसमें उर्दू, रेख़्ता या और किसी दूसरे नाम का कहीं भी उल्लेख नहीं है। 'ख़ालिकबारी' में बारह बार 'हिन्दी' और पचपन बार 'हिन्दवी' शब्द का प्रयोग हुआ है। 'हिन्दी का अर्थ है हिन्द की भाषा, और 'हिन्दवी' से मतलब है हिन्दुओं या हिन्दुस्तानियों की भाषा। इन दोनों शब्दों में 'याय-निसबती' या सम्बन्ध-सूचक 'ईकार है। यह तो साफ़ ही ज़ाहिर है, इससे किसी को इनकार नहीं हो सकता। अमीर खुसरो के इस 'हिन्दवी' शब्द से यहाँ किसी को यह भ्रान्ति न होनी चाहिए कि जातिविशेष या केवल हिन्दुओं ही की भाषा से उनका अभिप्राय है। कविवर 'सौदा' के उस्ताद 'शाह हातम, ने भी सन् 1750 ई. में 'हिन्दवी' या 'हिन्दी भाषा' शब्द, हिन्दुस्तान की भाषा के अर्थ में, इस्तेमाल किया है।[2] यहाँ हिन्दू शब्द हिन्द के निवासी अर्थ का बोधक है, भारत की किसी जाति विशेष का नहीं। अबतक भी अमेरिका और फ़ारस आदि देशों में हिन्दुस्तानी मात्र को (चाहे वह मुसलमान हो, हिन्दु या ईसाई) 'हिन्दी' ही कहा जाता है। विचार करने पर इसमें किसी प्रकार के सन्देह का अवकाश नहीं रह जाता कि हमारी भाषा का सब से पुराना, व्यापक और बहु-व्यवहृत नाम 'हिन्दी' है, और मुसलमान लेखक ही—इस नाम के निर्माता और प्रचारक हैं। 'आतिश' ने भी (जो उस दौर के शाइर हैं, जब उर्दू ज़बान मँज चुकी थी—मतरूकात से पाक होकर 'ख़ालिस उर्दू' बन चुकी थी,) उर्दू के लिए 'हिन्दी' 'हिन्दी लफ़्ज़ का इस्तेमाल किया है—

---

2. शाह हातम अपने 'दीवानज़ादे' के दीबाचे (भूमिका) में लिखते हैं—

"मैंने तहरीर के लिए वह ज़बान अख़्तियार की है, जो हिन्दुस्तान के तमाम सूबों की ज़बान है, यानी हिन्दवी, जिसे भाख़ा कहते हैं; क्योंकि इसे आम लोग बख़ूबी समझते हैं और बड़े तबक़े के लोग (भद्र व्यक्ति) भी पसन्द करते हैं। (फ्रेंच विद्वान् गार्सा द तासी Garcin de Tassy z, के पाँचवे भाषण से)।

'मतलब की मेरे यार न समझे तो क्या अजब,
सब जानते हैं तुर्क की हिन्दी ज़बाँ नहीं।'

उर्दू के आधुनिक आचार्य 'इन्शा' ने अपने 'दरिया-ए-लताफ़त' में क़ई जगह 'हिन्दी' शब्द का प्रयोग, उर्दू के अर्थ या पर्याय में किया है, यथा 'दरिया-ए लताफ़त' में दो बार हिन्दी शब्द आया है।

'सादा' के समकालीन और मदरास प्रान्त के एलोर के निवासी बाक़र आगाह (जन्म 1157 हिजरी) ने अपने उर्दू दीवान का नाम 'दीवाने-हिन्दी' रखा है। इनके सम्बन्ध में लिखते हुए मुहम्मद अब्दुलक़ादिर सरवरी साहब, एम.ए., एल.एल.बी., ने लिखा है—

"दीवान के सरवरक़ (मुखपृष्ठ) पर और ख़ुद अशआर में भी कहीं-कहीं 'हिन्दी' ही का लफ़्ज़ इस्तेमाल किया गया है, ताहम यह मालूम रहे कि इससे मुराद उन शाइरों की 'उर्दू' होती थी, क्योंकि वह उर्दू को 'हिन्दी' से कोई जुदा चीज़ नहीं समझते थे।"

आगे लिखा है—

"हिन्दी या हिन्दवी इसका क़दीमतरीन नाम था। 'उर्दू' और 'दखनी' के लिए भी यह लफ़्ज़ बिला तकल्लुफ़ इस्तेमाल होता था गोया 'उर्दू' 'हिन्दी' और 'दखनी' एक ही ज़बान के मुख़्तलिफ़ नाम थे।.... इस ज़बान की शाइरी 'रेख़्ता' कहलाती थी।[1]

कविवर 'जुरअत' अपनी मनसवी 'हुस्नो इश्क़' में उर्दू के लिए हिन्दी शब्द इस्तेमाल करते हैं—

कि इक क़िस्सा सुनावे कोई मग़मूम,
तो उसको कीजिए हिन्दी में मंज़ूम ।

रेख़्ता

उर्दू भाषा के लिए, हिन्दी के बाद, दूसरा नाम 'रेख़्ता' मिलता है; पर रेख़्ता असल में उर्दू पद्य की भाषा का नाम था। बोलचाल की या उर्दू गद्य की भाषा के अर्थ में इसका प्रयोग नहीं होता था, जैसा कि लफ़्ज़ 'मराख्ता' (مراختہ) से ज़ाहिर है, जो 'मशाइरे' (مشاعرہ) के मुक़ाबिले में बरता गया; क्योंकि पहले 'मशाइरा' सिर्फ़ फ़ारसी-कविता

1. रिसाला 'उर्दू' अप्रैल सन् 1929 ई.।

के लिए ही होता था। बाद को जब उर्दू-पद्य का प्रचार हुआ—कवि-समाज में, फ़ारसी-कविता पाठ के अनुकरण में, उर्दू-कविता पढ़ी जाने लगी—तो उसका नाम 'मराख़्ता' रखा गया।[1]

रेख़्ता शब्द की निरुक्ति या 'वजे तसमिया' यह बतलाई जाती है कि विभिन्न भाषाओं के शब्दों से—मुख़्तलिफ़ ज़बानों के अलफ़ाज़ से—इसे रेख़्ता पुष्ट या अलंकृत किया गया है; जैसे ईंट की दीवार को चूने या सीमेंट के पलस्तर से पायदारी और हमवारी, मज़बूती और सजावट, के लिए रेख़्ता करते हैं। भाषा-विज्ञान के कोई-कोई आचार्य इसकी निरुक्ति यह भी बतलाते हैं कि 'रेख़्ता गिरी-पड़ी और बिखरी हुई मिली-जुली मुतफ़र्रिक़ चीज़ को कहते हैं। उर्दू भी मुतफ़र्रिक़ ज़बानों से मिल-जुलकर बनी है, इसलिए इसका नाम भी रेख़्ता पड़ गया।[2]

'मुन्शी दुर्गाप्रसाद नादिर' 'ख़ज़ीनतुलउलूम' में लिखते हैं कि 'रेख़्ता ब मानी गिरे हुए के हैं, पस जो ज़बान अपनी असलियत से गिर जाए उसको 'ज़बान-रेख़्ता' बोलते हैं; चुनांचे जैसे फ़ारसी ज़बान में अरबी के लुग़त शामिल हुए, इसे ज़बान रेख़्ता फ़ारसी कहते हैं। इसी तरह ज़बान रेख़्ता-हिन्दी को ज़बान उर्दू समझते हैं।''

'रेख़्ता का अर्थ पक्की इमारत भी है, जो मिट्टी वा लकड़ी की न हो, बल्कि ईंट, पत्थर, चूने की हो। 'सौदा' ने एक जगह कहा है:—

हर बैत रखे है ए गज़ल ऐसी ही मज़बूत,
'सौदा' कोई जूँ रेख़्ते के घर प करे गच।
'मज़हिर' का शेर फ़ारसी और रेख़्ते के बीच,
'सौदा' यक़ीन जान कि रोड़ा है बाट का।
आगाह-फ़ारसी तो कहें उसको रेख़्ता,
वाक़िफ़ जो रेख़्ता के ज़रा होवे ठाट का।
सुनकर वो ये कहे कि नहीं रेख़्ता है ये,
और रेख़्ता भी है तो फ़िरोज़शाह की लाट का।

---

1. हाकिम लाहौरी अपने 'तज़किर-ए-मदु मेदीदा' में ख़ाने आरज़ू के हाल में लिखते हैं—''मराख़्ता दर ख़ान ए ख़ान आरजू पाँज़दहम हर माहे मो बाशद !''

2. 'रेख़्ता' फ़ारसी के रेख़्तन् मसदर (धातु) से बना है, जो बनाने, ईजाद करने, किसी चीज़ को कालिब में ढालने, नई चीज़ बनाने और मौज़ूँ करने के मानी में आता है।

"रेख़्ता से मुराद अगर्चे 'वली' और 'सिराज' के हाँ (यहाँ) नज़्म उर्दू है, लेकिन देहलवियों ने बिलआख़िर इसको ज़बान उर्दू के मानी दे दिए और यह माने क़ुदरतन् पैदा हो गए, इसलिए कि इन अय्याम में उर्दू ज़बान का तमामतर सरमाया नज़्म में ही था। जब नसर पैदा हो गई तो यही इस्तलाह उस पर नातिक़ आ गई (चरितार्थ हुई) इस तरह रेख़्ता क़ुदरतन् उर्दू ज़बान उर्दू ज़बान का नाम हो गया।"[1]

रेख़्ता शब्द का प्रयोग सब से पहले 'सादी'[2] दक्खनी के कलाम में मिलता है, जो 'वली'[3] दक्खनी से पूर्व, आदिलशाह अव्वल के समय (सन् 1586 ई.) में हुआ है। बाद को दूसरे कवि, लेखकों ने भी रेख़्ते का प्रयोग अधिकता से किया है। मीर तक़ी मीर ने अपने "तज़करे-निकातुश्शोरा" में और 'क़ायम' चांदपुरी ने "मख़ज़ने-निकात" में बार-बार उर्दू नज़्म के लिए रेख़्ता ही लिखा है। 'निकातुश्शोरा' में एकाध जगह भाषा के लिए 'हिन्दी' शब्द तो आया है, पर उर्दू नहीं आया। 'सौदा' के बयान में 'सरआमद शोराइ हिन्दी ऊस्त' लिखा है। मीर साहब ने अपनी कविता में 'हिन्दी' लफ़्ज का भी इस्तेमाल किया है उनका एक शेर है—

क्या जानूँ लोग कहते हैं किसको सरुरे-क़ल्ब,[4]
आया नहीं है लफ़्ज़ य हिन्दी ज़बाँ बीच।

(कुल्लियाते मीर)

ज़ाहिर है कि मीर साहब का मतलब 'हिन्दी ज़बान' से वह ज़बान है जिसमें वह कविता करते थे, और जिसे अब 'उर्दू' कहा जाता है। बाक़ी उन्होंने अपने तज़करे में सब जगह 'रेख़्ता' ही लिखा है, उर्दू या उदू-ए-मुअल्ला नहीं।[5]

---

1. 'पंजाब में उर्दू', पृष्ठ 21।
2. 'सादी' कि गुफ़्ता रेख़्ता दर रेख़्ता दुर रेख़्ता,
3. यह रेख्ता 'वली' का जाकर उसे सुना दो,
   रखता है फ़िक्र रोशन जो अनवरी के मानिन्द।
4. हृदयोन्माद ; दिल की मस्ती
5. देखिए 'निकातुश्शोरा' 'सौदा' के हाल में 'मीर' 'दर्द' मीर 'सज्जाद', फ़ुगाँ, 'पाकवाज़', वली, सय्यद अब्दुलवली 'उजलत 'आजिज़' इज्यादि। इन सब उर्दू कवियों के परिचय में मीर साहब ने सिर्फ़ 'रेख़्ता' लफ़्ज़ ही लिखा है। मौलवी

शाह मुबारक 'आबरू','मीर', 'सौदा', 'गालिब', 'जुरअत' और 'क़ायम' ने भी अपनी कविता में रेख़्ता शब्द का प्रयोग किया है। रेख़्ते के बारे में शाह 'आबरू' का यह क़िता तो आबे-ज़र से लिखने के क़ाबिल हैः—

वक़्त जिनका रेख़्ते की शाइरी में सर्फ़ है,
उन स'ती कहता हूँ बूझो हफ़्र मेरा ज़फ़्र है।
जो कि लावे रेख़्ते में फ़ारसी के फ़ेलो हफ़्र,
लग़् व हैंगे फ़ेल उसके रेख़्ते में हफ़्र है।

मीर साहब ने रेख़्ते की झड़ी लगा दी है। नमूने देखिएः—

दिल किस तरह न खींचे असआर रेख़्ते के,
बिहतर किया है, मैंने इस ऐब को हुनर से।
खूगर [1] नदीं कुछ योंही हम रेख़्ता-गोई के,
माशूक़ जो अपना था बाशिन्दा दकन का था।
वे सोज़े [2] दिल किन्होंने किया रेख़्ता तो क्या,
गुफ़्तारे [3] ख़ाम पेशे अज़ीज़ाँ सनद नहीं।
यों फ़क़त रेख़्ता ही कहने न आए थे हम,
चार दिन ये भी तमाशा-सा दिखाया हमने।
सन्नाय [4] तुरफ़ा हैं हम आलम में रेख़्ते के,
जो 'मीर' जी लगेगा तो सब हुनर करेंगे।
गुफ़्तगू रेख़्ते में हमसे न कर
य, हमारी ज़बान है प्यारे
कसब [5] और किया होता एवज़ रेख़्ते के काश,

अब्दुलगफ़ूर खाँ 'नसाख' ने अपनी पुस्तक का नाम 'तहक़ीक़ ज़बान रेख़्ता रखा है, जो सन् 1830 ई. में छपी है, और जिसमें उर्दू की उत्पत्ति पर विचार किया गया है।—लेखक

1. आदी
2. दिल की जलन।
3. कच्ची बात।
4. अजीब कलाविद्।
5. पेशा।

पछताए बहुत 'मीर' हम इस काम को कर कर।
मज़बूत कैसे कैसे कहे रेख़्ते वले[1]
समझा न कोई मेरी ज़बाँ इस दयार[2] में।
पढ़ते फिरेंगे गलियों में इन रेख़्तों को लोग,
मुद्दत रहेंगी याद य' बाते हमारियाँ।
रेख़्ता ख़ूब ही कहता है जो इन्साफ़ करो,
चाहिए अहले-सख़ुन 'मीर' को उस्ताद करें।

'सौदा' के चन्द नमूने—

तूने वह सौदा ज़बाने-रेख़्ता ईजाद की,
पढ़ के इक आलमं उठाता है तेरे अशआर फ़ैज़।
रेख़्ता और भी दुनिया में रहे, ऐ सौदा,
जीने देवे जो कभू[3] काविशे[4] दौराँ मुझको।
कहे था रेख़्ता कहने को ऐब नादाँ भी
सो यूं कहा मैं कि दाना हुनर लगा कहने।
सखुन को रेख़्ते के पूछे था कोई सौदा,
पसन्द ख़ातिरे-दिलहा हुआ य' फ़न मुझसे।

'गालिब' के चन्द अशआर—

रेख़्ते के तुम्हीं उस्ताद नहीं हो ग़ालिब,
कहते हैं अगले ज़माने में कोई 'मीर' भी था
जो य' कहे कि रेख़्ता क्योंकि हो रश्के-फ़ारसी,
गुफ़्तए-ग़ालिब एक बार पढ़के उसे सुना कि यों।

तर्ज़े-बेदिल में रेख़्ता कहना—

असदुल्ला ख़ाँ क़यामत है।

---

1. लेकिन।
2. देश।
3. कभी।
4. तकलीफ़।

'क़ायम' के दो शेर—

'क़ायम' मैं किया तौरे-ग़जल रेफ़्ता वरना—
इक बात लचर-सी बज़बाने-दकनी थी।
'क़ायम' में रेख़्ते को दिया ख़िलअते-कयूल,
वरना य' पेशे-अहले-हुनर (सुख़न) क्या कमाल था।

जुरअत—

कह ग़ज़ल और इस अन्दाज़ की 'जुरअत' अब तू,
रेख़्ता जैसे कि अगली तेरी मशहूर हुई।

'मीर' और 'क़ायम' ने अपने पद्यों में रेख़्ते की जन्मभूमि 'दकन' का नाम लेकर इस बात की ओर इशारा किया है कि 'रेख़्ते' का प्रचार दक्खन से ही हुआ है, जैसा कि ऊपर ज़िक्र आ चुका है।[1]

उर्दू

इस सिलसिले में तीसरा नम्बर उर्दू या उर्दू-ए-मुअल्ला का है जो हमारी भाषा के सब नामों का एकमात्र उत्तराधिकारी बन बैठा है—उन सब पर विस्मृति का गहरा पर्दा डालकर छिपा दिया और भुला दिया है। इस उर्दू नाम का इतिहास भी सुनने लायक़ है। यह एक विदेशी शब्द है, जिसने ज़बरदस्ती हमारी भाषा पर क़ब्ज़ा कर लिया है। तुर्की भाषा में उर्दू लश्कर (छावनी) को कहते हैं। प्रारम्भ में मुग़ल और तुर्क बादशाह छावनी में रहा करते थे। उनका दरबार और रनिवास सब लश्कर में ही होता था। इस विशेषता के कारण शाही, 'लश्कर उर्दू-ए-मुअल्ला' कहलाया।

यह तो उर्दू का शब्दार्थ हुआ। अब देखना यह है कि हमारी भाषा में इसका व्यवहार और प्रचार कैसे और कब से हुआ। इस सम्बन्ध में

1. 'गुलशने-हिन्द' के लेखक मिर्ज़ा अली 'लुत्फ़' ने भी अपनी किताब में उर्दू के लिए जगह-जगह 'ज़बान रेख़्ता' ही लिखा है। वह किताब डा. जान गिलक्राइस्ट की आज्ञानुसार फ़ारसी 'गुलज़ार इब्राहीम' से तर्जुमा की गई थी। यद्यपि उस समय हिन्दुस्तानी शब्द का भी उर्दू के लिए प्रयोग हो चला था, मगर 'लुत्फ़ ने लिखा है कि, "इन फ़ारसी किताबों के हिन्दी-नसर करने से मुराद यह है.....।" इस प्रकार उन्होंने उर्दू गद्य के लिए 'हिन्दी-नसर' शब्द भी इस्तेमाल किया है। ('गुलशने-हिन्द')

विद्वानों के विभिन्न मत हैं। मीर 'अम्मन' देहलवी ने 'बाग़ो-बहार' (सन् 1801 ई.) की भूमिका में लिखा है—

"जब अकबर बादशाह तख़्त पर बैठे तब चारों तरफ़ के मुल्कों से सब क़ौम क़दरदानी और फ़ैज़रसानी इस ख़ानदाने-लासानी की सुनकर हुज़ूर में आकर जमा हुए, लेकिन हर एक की गोयाई और बोली जुदी-जुदी थी। इकट्ठे होने से आपस में लेन-देन, सौदा-सुलफ़, सवाल-ज़वाब करते एक ज़बान उर्दू की मुकर्रर हुई।"

अर्थात्, मीर 'अम्मन' के मतानुसार उर्दू की उत्पत्ति बादशाह अकबर के समय में हुई।

सर सैय्यद अहमद ख़ाँ ने अपनी पुस्तक 'आसारुस्सनादीद' (सन् 1854 ई.) के अन्त में लिखा है—

"जब कि शाहजहाँ बादशाह ने सन् 1648 ई. में शहर शाह-जहानाबाद आबाद किया और हर मुल्क के लोगों का मजमा हुआ, इस ज़माने में फ़ारसी ज़बान और हिन्दी भाषा बहुत मिल गई, और बाज़े फ़ारसी लफ़्ज़ों और अक्सर भाषा के लफ़्जों में बसबब कसरत इस्तेमाल (बहु-व्यवहार के कारण) के तग़य्युर व तबदील (परिवर्तन) हो गई। ग़रज की लश्कर बादशाही और उर्दू-ए-मुअल्ला (लालक़िला) में इन दोनों ज़बान की तरकीब (मिश्रण) से नई ज़बान पैदा हो गई और इसी सबब से ज़बान का उर्दू नाम हुआ। फिर कसरते-इस्तेमाल से लफ़्ज ज़बान का महज़ूफ़ (विलोप) होकर इस ज़बान को उर्दू कहने लगे.....।"

सर सैयद के इसी मत से मिलता-जुलता मत 'आबे-हयात' के प्रसिद्ध प्रणेता मौलाना मुहम्मद हुसैन 'आजाद' का भी है।

परन्तु यह मत माननीय नहीं प्रतीत होता। इसकी अग्राह्यता पर नव्वाब सदर यार जंग मौलाना हबीबुर्रहमानखाँ शेरवानी ने अपने लाहोरवाले ओरियन्टल कान्फ़रेन्स के सभापति के भाषण में यह कहकर आपत्ति उठाई है कि—"इसकी कोई सनद नहीं कि अहद मज़कूर (शाहजहाँ के शासनकाल) में इस ज़बान का नाम उर्दू था। इन्तहा यह

कि दिल्ली के उर्दू बाज़ार का नाम भी इस अहद में यह न था।[1] हमने ऊपर साबित किया है कि इब्तिदा से आख़िर तक हमारी ज़बान का नाम हिन्दी रहा। जब वली दकनी ने (सन् 1150 हिजरी) में मज़ामीन फ़ारसी की चाशनी हिन्दी नज़्म (उर्दू पद्य) में पैदा की, तो ख़ास अदबी और शेरो ज़बान (साहित्य और कविता की भाषा) को रेख़्ता कहने लगे। इस वक्त तक भी उर्दू का लफ़्ज़ इस ज़बान के लिए मुस्तअमिल (व्यवहृत) न हुआ था।

नव्वाब शेरवानी की यह दलील बहुत वज़नी है और 'उर्दू' शब्द की उत्पत्ति प्रचार-काल के सम्बन्ध में एक ऐतिहासिक प्रकाश डालती है। इससे स्पष्ट सिद्ध होता है कि शाहजहाँ के समय में उर्दू की उत्पत्ति बतानेवालों का मत नितान्त निर्बल और प्रवाद्मात्र है। जब शाहजहाँ के शासन-काल में ही उर्दू की उत्पत्ति का पता नहीं चलता, तो मीर 'अम्मन' का यह कथन कि अकबर के ज़माने में ही उर्दू भाषा बन चुकी थी, निरा निराधार और कोरी कल्पना है। यदि बादशाह अकबर या शाहजहाँ के समय में हमारी भाषा का नाम 'उर्दू' पड़ चुका होता तो परवर्ती लेखक और कवि कहीं तो इस नाम का उल्लेख या व्यवहार करते। जैसा कि मैं पहले कह आया हूँ, पुराने प्रायः सभी लेखकों और कवियों ने अपनी रचनाओं में सर्वत्र हिन्दी या रेख़्ता शब्द का ही प्रयोग किया है।

'उर्दू' शब्द भाषा के अर्थ में कब से प्रयुक्त और प्रचलित हुआ, यह विषय अब तक विवादास्पद बना हुआ है। इसका ठीक निर्णय किसी पुष्ट प्रमाण के आधार पर अभी नहीं हो सका है। कुछ विचारशील विद्वानों का कथन है कि आमतौर पर उर्दू शब्द भाषा के लिए अठारहवीं सदी के अन्त में इस्तेमाल होना शुरू हुआ। नव्वाब शुजाउद्दौला और आसुफुद्दौला के शासन-काल (सन् 1797 ई.) में सय्यद अताहुसैन 'तहसीन' ने 'चहार-दरवेश' का तर्जुमा 'नौतर्ज़गुरस्सा' के नाम से किया था। उसमें उन्होंने अपनी ज़बान के लिए रेख़्ता, हिन्दी और ज़बान उर्दू-ए-मुअल्ला—इन तीन नाम का प्रयोग एक ही प्रसंग और एक ही पृष्ठ

1. जैसा कि 'असारुस्सनादीद' में 'तारीख़ मराते-आफ़ताबनुमा' के हवाले से सर सय्यद अहमद ख़ाँ ने लिखा है।

में साथ-साथ किया है; केवल 'उर्दू' शब्द उनकी किताब में कहीं नहीं पाया जाता। यदि 'उर्दू' शब्द उस युग में व्यापक और रूढ़ हो गया होता, तो 'तहसीन' साहब उन तीन शब्दों के झमेले में न पड़कर केवल 'उर्दू' शब्द से काम चला लेते। इससे मालूम होता है कि उर्दू शब्द का प्रयोग इस काल में भी अच्छी तरह से प्रचलित नहीं हुआ था। अलबत्ता इस समय को उर्दू शब्द के प्रचार का आरम्भ-काल कहा जा सकता है। इसके बाद शनैः-शनैः यह शब्द भाषा के अर्थ में प्रयुक्त होने लगा। 'मसहफ़ी'और 'दाग़' ने अपने शेरों में उर्दू शब्द का प्रयोग किया है—

ख़ुदा रक्खे ज़बाँ हमने सुनी है मीरों मिर्ज़ा की;
कहें किस मुँह से हम ऐ 'मसहफ़ी उर्दू' हमारी है।
नहीं खेल ऐ दाग़ यारों से कह दो;
कि आती है उर्दू ज़बाँ आते आते।

हिन्दुस्तानी

भाषा का एक नाम हिन्दुस्तानी भी है। हमारी भाषा का यह नामकरण जैसा कि कहा जाता है, यूरोपियन लोगों ने किया है। इसका भी मनोरंजक इतिहास है। सत्रहवीं सदी में जब पुर्तगाली लोग भारत में आए तो उन्होंने हमारे यहाँ की भाषा का नाम अपनी सूझ-बूझ के अनुसार इन्डोस्तान (Indostan) रक्खा। कभी-कभी इस नाम को इन्डोस्तानी भी पुकारा जाता रहा। लेकिन इसी शताब्दी में हिन्दुस्तानी ज़बान (Hindostani language) का शब्द भी पाया जाता है। इससे आगे चलकर हमारे मिहरबान यूरोपियन साहबान ने इस शब्द को अपने उच्चारण के अनोखे साँचे में ढालकर विचित्र रूप दे दिया। अठारहवीं शताब्दी के आरम्भ में एक इतिहास-लेखक कहता है कि हिन्दुस्तान की ज़बान का नाम हिंडोस्टेंड (Hindostand) है। आपने लेम्पस्टेंड, केंडलस्टेंड, इंकस्टेंड आदि शब्द तो सुने ही होगें, अब इस हिंडोस्टेंड को भी याद कर लीजिएगा। और लीजिए। तत्कालीन गोरे फ़ौजी अफ़सर 'काले' हिन्दुस्तानियों की इस ज़बान को भी 'काली ज़बान (Black language) फ़रमा दिया करते थे। 'स्याह तालू' तो सुनते आ रहे हैं, लेकिन यह

स्याह ज़बान हमारे मिहरबान 'साहब लोगों' की नई और निराली ईजाद थी।[1]

'हिन्दुस्तानी' नाम आजकल हिन्दू मुसलमानों की मुश्तरका ज़बान के मानी में बोला जाता है, लेकिन उस वक्त इस नाम को गढ़नेवाले विदेशियों ने इसका प्रयोग दूसरे संकुचित अर्थों में किया है। उन लोगों का मतलब 'हिन्दुस्तानी' से उस ज़बान से था, जिसे उत्तर भारत के युक्त प्रदेश और अन्तर्वेद (दोआब) के लोग और दिल्ली, मेरठ, आगरा आदि के रहनेवाले मुसलमान बोलते थे, और जो दक्षिण के मुसलमानों में भी प्रचलित हो गई थी। जो मतलब इस समय आमतौर से उर्दू का समझा जाता है, वही मुराद इस हिन्दुस्तानी से थी—अर्थात् हिन्दी भाषा का वह रूप, जिसमें विदेशी भाषाओं के शब्द अधिक हों। पुराने समय के ऐंग्लो-इण्डियन लोग इस भाषा को 'मूर्ज़' इसलिए कहा करते थे कि सत्रहवीं शताब्दी में यूरोपियन लोग मुसलमानों को मूर कहकर पुकारा करते थे।[2]

इस नाम पर सरकारी सनद की बाक़ायदा छाप उस समय लगी जब (सन् 1803 ई. में) कलकत्ते के फ़ोर्ट विलियम में, डाक्टर जॉन गिलक्राइस्ट की देख-रेख में, ईस्ट इण्डिया कम्पनी के यूरोपियन कर्मचारियों को देशी भाषा सिखाने के लिए एक महकमा क़ायम किया गया और हिन्दू मुसलमान विद्वानों से उर्दू-हिन्दी में पुस्तकें लिखवाई गईं। हिन्दी लेखकों में पण्डित सदल मिश्र और पण्डित लल्लू जी लाल प्रमुख थे, और मुसलमानों में मीर 'अम्मन' देहलवी आदि थे। इन लेखकों को ऐसी भाषा तैयार करने के लिए नियुक्त किया गया था, जो सर्व-साधारण की भाषा हो-न मौलवियाना उर्दू-ए-मुअल्ला और न पण्डिताऊ

---

1. "हमारे हाँ (यहाँ) आम ख़याल यह है कि अँगरेज़ों ने यह (हिन्दुस्तानी) नाम दिया है, लेकिन अमर वाक़आ (वास्तविक बात) ये है कि ख़ुद हमारे असलाफ़ (पूर्वज) इसको ज़बान-हिन्दोस्तान या बोली-हिन्दोस्तान कहते रहे। मौलान्म वजही किताब 'सबरस' (जिसका रचना काल सन् 1040 हिजरी के क़रीब बताया जाता है) मे उर्दू को 'ज़बाने-हिन्दोस्तान' कहते हैं। (यथा)—"आग़ाज़ दास्तान ज़बान हिन्दोस्तान नक़ल एक शहर था, इसका नाँव (नाम) सीस्तान।"(पंजाब में उर्दू)
2. देखिए—हाब्सनजाब्सन, पृष्ट 415, 417, 418, 484, 639, 640; जिसका उल्लेख मौ. शेरवानी ने अपने व्याख्यान में किया है।

संस्कृतनुमा हिन्दी। मीर 'अम्मन' ने 'बाग़बहार' के लिखने का शाने नज़ूल (रचना का कारण) बतलाते हुए पुस्तक की भूमिका में लिखा है—

"......ख़ुदावन्दे-निअमत साहबे-मुरव्वत नजीबों के क़दरदान जॉन गिलक्राइस्ट साहब ने (कि हमेशा इक़बाल इनका ज़्यादा रहे, जब तक गंगा जमुना बहे) लुफ़्त से फ़रमाया कि क़िस्से को ठेठ 'हिन्दुस्तानी' गुफ़्तगू में, जो 'उर्दू' के लोग—हिन्दू-मुसलमान, औरत-मर्द, लड़के-बाले, ख़ासोआम आपस में बोलते-चालते हैं, तर्जुमा करो। मुवाफ़िक हुक्म हुज़ूर के मैंने भी इसी महावरे से लिखना शुरू किया जैसे कोई बातें करता है।"

इसी आदर्श को सामने रखकर पण्डित लल्लू जी लाल और पं. सदल मिश्र ने भी पुस्तकें लिखीं, जिनके बारे में 'अरबाबे-नसर उर्दू', के लेखक ने लिखा है कि—"इनकी हिन्दी तहरीर भी निहायत साफ़ व शुस्ता (स्वच्छ और स्पष्ट) थी। अगर इसको फ़ारसी रस्मुलख़त (लिपि) में लिखा जाए, तो इसको उर्दू तहरीर ही कहा जाएगा। इसमें संस्कृत के सक़ील (कठोर) और ग़ैर-मानूस (अप्रचलित) अलफ़ाज़ की बेजा भरमार नहीं है।

स्वयं गिलक्राइस्ट साहब ने भी हिन्दुस्तानी भाषा के सम्बन्ध में सोलह पुस्तकें लिखीं, उनमें प्रायः भाषा के लिए हिन्दुस्तानी शब्द का ही व्यवहार किया गया है। हिन्दुस्तानी भाषा के सम्बन्ध में इनकी दो पुस्तकें मशहूर हैं—'अंगरेज़ी-हिन्दुस्तानी डिक्शनरी' और 'हिन्दुस्तानी भाषा का व्याकरण'। इस तरह भाषा के लिए 'हिन्दुस्तानी' नाम की बुनियाद पक्की हो गई, उसे सरकारी सनद मिल गई।

पूर्वीय भाषाओं के सुप्रसिद्ध फ्रान्सीसी विद्वान् गार्सां-द-तासी[1] ने भारत की भाषा के सम्बन्ध में जो व्याख्यान दिए और पुस्तकें लिखीं, उनमें भी हमारी भाषा के लिए उन्होंने 'हिन्दुस्तानी' शब्द का प्रयोग किया है। उन्होंने पूर्वीय भाषा-सम्बन्धी अपने तीसरे व्याख्यान में, जो

1. "Histore de la litterature Hindonie et Hindoustanie" गार्सी-द'-तासी (Garcin de Tassy) की एक प्रसिद्ध पुस्तक है, जो सन् 1846 ई. में प्रकाशित हुई थी।

तारीख़ 5 दिसम्बर सन् 1852 ई. को हुआ था, (और जिसका अनुवाद सय्यद रास मसऊद साहब ने मूल फरान्सीसी से उर्दू में किया है) हिन्दुस्तानी के बारे में कहा है—

"लफ़्ज़ हिन्दुस्तानी उस ज़बान के हक़ में, जिसके लिए यह इस्तेमाल किया जाता है, नामौज़ूँ (अयुक्त) है, और इसे नाम से याद करना हमारी बदमज़ाक़ी है (कुरुचि का सूचक है)। अलबत्ता इसको 'हिन्दुस्तानीन' (Hindustanien) कहा जा सकता है। मगर अँगरेज़ों की तक़लीद (अनुकरण) में हमने भी इसकी इब्तदाई शकल (प्रारम्भिक आकृत्ति) क़ायम रखी। जैसा कि नाम ज़ाहिर है, हिन्दुस्तानी अहले-हिन्दुस्तान (भारतवासियों) की ज़बान है। मगर यह ज़बान अपनी हक़ीक़ी-हदूद (वास्तविक सीमा) से बाहर भी बोली जाती है। ख़ुसूसन् मुसलमान और सिपाही इसको तमाम जज़ीरेनुमा हिन्दुस्तान नीज़ ईरान, तिब्बत और आसाम में भी बोलते हैं। पर इस ज़बान के लिए लफ़्ज़ हिन्दी या इण्डियन, जो इब्तदा (आरम्भ) में इसको दिया गया था, और जिस नाम से कि अकसर बाशिन्दे इस मुल्क के अब तक इसको मौसूम करते हैं, इस नाम से (हिन्दुस्तानी से) ज़्यादा मौज़ूँ हैं, जो अहले-यूरोप ने अख़्तियार किया है।

"अहले-यूरोप लफ़्ज़ हिन्दी से हिन्दुओं की बोली मुराद लेते हैं, जिसके लिए 'हिन्दवी' बेहतर है और मुसलमानों की बोली के वास्ते 'हिन्दुस्तानी' का नाम क़रार दे लिया है। ख़ैर यह जो कुछ भी हो, हिन्दुस्तान की इस जदीद ज़बान (नई भाषा) की दो बड़ी और ख़ास शाखें ब्रिटिश इण्डिया के बड़े हिस्से में बोली जाती हैं और शुमाल (उत्तर-भारत) के मुसलमानों की ज़बान यानी हिन्दुस्तानी उर्दू ममालिक-मग़रवी-ओ-शुमाली (अब संयुक्त प्रान्त या सूबा हिन्दुस्तान) की सरकार की ज़बान क़रार दी गई है,—अगर्चे हिन्दी भी उर्दू के साथ-साथ इसी तरह क़ायम है, जैसी कि वह फ़ारसी के साथ थी। वाक़आ यह है, कि मुसलमान बादशाह हमेशा एक हिन्दी सेक्रेटरी, जो हिन्दी-नवीस कहलाता था, और फ़ारसी सेक्रेटरी, जिसको वह फ़ारसी-नवीस कहते थे, रखा करते थे, ताकि उनके अहकाम इन दोनों ज़बानों में लिखे जाएँ। इसी तरह ब्रिटिश गवर्नमेंट ममालिक मग़रबी-ओ-शुमाली में हिन्दू आबादी के मफ़ाद (सुभीते) लिए अकसर औक़ात सरकारी क़वानीन

(कानूनों) का उर्दू किताबों के साथ हिन्दी तर्जुमा भी देवनागरी हरूफ़ में देती है।[1]

खड़ी बोली

जिस प्रकार हिन्दी उर्दू को सम्मिलित रूप देने के लिए हिन्दुस्तानी नाम एक विशेष कारण से—हिन्दी उर्दू दोनों का एक शब्द द्वारा बोध कराने के लिए—पड़ा, इसी तरह आम बोलचाल की भाषा के अर्थ में 'खड़ी बोली' नाम का प्रयोग भी चल पड़ा है। इसकी उत्पत्ति 'हिन्दुस्तानी' नाम के बाद हुई मालूम होती है। किसी प्राचीन-ग्रन्थ में यह नाम नहीं पाया जाता।

हिन्दी कवि पहले ब्रजभाषा में ही कविता किया करते थे, चाहे वे भारत के किसी प्रान्त के निवासी हों। जब हिन्दी गद्य का प्रचार पर्याप्त रूप में हो गया, उसमें अनेक पत्र, पत्रिकाएँ निकलने लगीं, तब हिन्दी कविता की भाषा के लिए भी आन्दोलन उठा कि हिन्दी कविता भी गद्य की उसी, बोल-चाल की और लिखने-पढ़ने की भाषा में होनी चाहिए, ब्रजभाषा में नहीं। इस आन्दोलन को विशेष रूप से उठानेवाले स्वर्गीय अयोध्याप्रसाद खत्री आदि कुछ महानुभाव थे। यह आन्दोलन कुछ दिनों तक बड़े ज़ोर से चला, जिसमें हिन्दी के बहुत से महारथी, पण्डित प्रतापनारायण मिश्र, पण्डित श्रीधर पाठक आदि, सम्मिलित थे। ब्रजभाषा बनाम खड़ी बोली, के इस आन्दोलन में, इस नाम का प्रयोग, ब्रजभाषा के मुक़ाबिले में, बार-बार किया गया। बाबू हरिश्चन्द्र भारतेन्दु ने अपनी पुस्तक 'अग्रवालों की उत्पत्ति' (सम्वत् 1928 विक्रमी) की भूमिका में लिखा है—

"इनका (अग्रवालों का) मुख्य देश पश्चिमोत्तर प्रान्त है और इनकी बोली, स्त्री और पुरुष सब की खड़ी बोली अर्थात् उर्दू है।

भारतेन्दु जी के इस कथन का यह निष्कर्ष है कि वह बोलचाल की हिन्दी उर्दू में भेद नहीं मानते थे, और उन्होंने 'खड़ी बोली' का प्रयोग यहाँ हिन्दुस्तानी के पर्याप्त रूप में ही किया है। आजकल तो हिन्दीवालों

---

1. रिसाला 'उर्दू' (त्रैमासिक), मास जुलाई सन् 1923 ई.।

में हिन्दी के लिए 'खड़ी बोली' नाम की ही तूती बोलती है—वर्तमान प्रचलित हिन्दी के लिए 'खड़ी बोली' नाम का ही प्रयोग सर्वाधिक होता है।

भारतेन्दु ने अपनी 'हिन्दी भाषा' नामक पुस्तक में खड़ी बोली का 'नई भाषा' नाम भी लिखा है। बाबू हरिश्चन्द्र जी हिन्दी-कविता के लिए खड़ी बोली को उपयुक्त नहीं समझते थे, इसमें ब्रजभाषा के पक्षपाती थे। उन्होंने खड़ी बोली की कविता के उदाहरण में यह दोहा लिखा है, जिसका शीर्षक 'नई भाषा की कविता' है—

भजन करो श्रीकृष्ण का मिल करके सब लोग।
सिद्ध हो गया काम औ छूटेगा सब सोग ।।

(हिन्दी भाषा, पृष्ठ, 10)

बाबू हरिश्चन्द्र जी से पहले भी इस नाम का प्रयोग कहीं किसी ने किया हो, इसका पता नहीं चलता। भाषा का खड़ी बोली नाम क्यों और कैसे पड़ा, इसकी निरुक्ति या बजै तसमिया क्या है, इस पर भी कहीं कुछ लिखा नहीं मिलता। स्वर्गीय पण्डित चन्द्रधर शर्मा गुलेरी ने एक जगह खड़ी बोली का ज़िक्रे-ख़ैर बड़े अच्छे ढंग से किया है, जिसमें इस शब्द की निरुक्ति की विनोदात्मक झलक पाई जाती है और इसके लक्षण तथा स्वरूप की भी। गुलेरी जी ने लिखा है—

"खड़ी बोली या पक्की बोली या रेख़्ता या वर्तमान हिन्दी के आरम्भ-काल के गद्य और पद्य को देखकर यही जान पड़ता है कि उर्दू रचना में फ़ारसी अरबी तत्समों या तद्भवों को निकालकर संस्कृत या हिन्दी तत्सम और तद्भव रखने से हिन्दी बना ली गई है। इसका कारण यही है कि हिन्दू तो अपने घरों की प्रादेशिक और प्रान्तीय बोली में रँगे थे, उनकी परम्परागत मधुरता इन्हें प्रिय थी। विदेशी मुसलमानों ने आगरे, दिल्ली, सहारनपुर, मेरठ की 'पड़ी' भाषा को 'खड़ी' कर अपने लश्कर और समाज के लिए उपयोगी बनाया। किसी प्रान्तीय भाषा से उनका परम्परागत प्रेम न था। उनकी भाषा सर्व-साधारण की या राष्ट्र-भाषा हो चली। हिन्दू अपने-अपने प्रान्त की भाषा को न छोड़ सके। अब तक यही बात है। हिन्दू घरों की बोली प्रादेशिक है, चाहे लिखा-पढ़ी और साहित्य की भाषा हिन्दी हो। मुसलमानों में बहुतों के घर की बोली

खड़ी बोली है। वस्तुतः उर्दू कोई भाषा नहीं है, हिन्दी की विभाषा है। किन्तु हिन्दुई भाषा बनाने का काम मुसलमानों ने बहुत कुछ किया, उसकी सार्वजनिकता भी उन्हीं की कृपा से हुई । फिर हिन्दुओं में जागृति होने पर उन्होंने हिन्दी को अपना लिया। हिन्दी गद्य की भाषा लल्लू जी लाल के समय से आरम्भ होती है, उर्दू गद्य उससे पुराना है; खड़ी बोली की कविता हिन्दी में नई है। अभी तक ब्रजभाषा बनाम खड़ी बोली का झगड़ा चल ही रहा था। उर्दू पद्य की भाषा उसके बहुत पहले हो गई है। पुरानी हिन्दी गद्य और पद्य खड़े रूप में मुसलमानी है। हिन्दू कवियों का यह सम्प्रदाय रहा है कि हिन्दू पात्रों से प्रादेशिक भाषा कहलाते थे और मुसलमान पात्रों से खड़ी बोली।''

हिन्दी के कुछ और नाम

जिन नामों का उल्लेख ऊपर हो चुका है, उनके अतिरिक्त कुछ अन्य नाम भी हैं, जिनका प्रयोग हिन्दी भाषा के अर्थ में, कहीं विशेषण रूप से और कहीं विशेष्य रूप से, किया जाता है, यथा—देवनागरी या नागरी, आर्य भाषा, राष्ट्रभाषा और राजभाषा।[1] इनमें से नागरी यद्यपि लिपि-विशेष या वर्णमाला का नाम है, पर कुछ लोग इसका प्रयोग भाषा के अर्थ में भी करते हैं। तृतीय हिन्दी-साहित्य-सम्मेलन के सभापति 'आनन्द-कादम्बिनी' के सम्पादक स्वर्गीय पण्डित बदरीनारायण चौधरी 'प्रेमधन' ने अपने सभापति के भाषण में कहा था—

''मैं सदा से उसे (हिन्दी को) 'नागरी भाषा' ही कहता और लिखता आया हूँ। वरञ्च ''आनन्द-कादम्बिनी'' के आरम्भ ही के अङ्क में मैंने ''नागरी भाषा वा इस देश की बोलचाल'' शीर्षक एक लेख लिखना

---

1. शेख बाजन, जो सन् 912 हिजरी में मरे, इसको 'ज़बान देहलवी' के नाम से याद करते हैं। वह कहते हैं—''सिफ़ते दुनिया बज़बान देहलवी गुफ़्ता (पंजाब में उर्दू, पृष्ठ 21)

   जिस प्रकार दक्षिणवालों ने इसका नाम 'दकनी' रक्खा, वैसे ही गुजरातवालों ने इसका नाम 'गुजराती' या 'गूजरी' रख दिया। शेख़ मुहम्मद 'खूब' ने अपनी मसनवी 'खूबतरङ्ग' (सन् 686 हि.) में इसको 'गुजराती बोली' नाम दिया है। (पंजाब में उर्दू,' पृ. 22)

   मुहम्मद अमीन ने अपनी मसनवी यूसुफ़-जु-लैखा' (सन् 1109 हि.) में इसे 'गूजरी' नाम से लिखा है। ('पंजाब में उर्दू,' पृ. 22)

आरम्भ किया था। कुछ लोग इसे 'आर्यभाषा' भी कहते हैं, परन्तु वास्तव में यह नाम भी ठीक नहीं है। मेरी समझ में इसका "भारतीय नागरी भाषा" नाम होना चाहिए।"

'नागरी' नाम के औचित्य के सम्बन्ध में 'प्रेमधन जी' ने जो हेतु दिया है, उसे भी सुन लीजिए—

"कितने कहते हैं कि नागरी तो वर्णमाला का नाम है भाषा का नहीं किन्तु उन्हें जानना चाहिए कि भाषा और अक्षर का नित्य सम्बन्ध है। संस्कृत वा पारसी (फ़ारसी), उर्दू का अंगरेज़ी में लिखो कहने से उसी अक्षर का बोध होता है, जिसमें वह भाषा लिखी जाती है। जैसे उर्दू व अँगरेज़ी के अक्षर अपने दूसरे नाम रखते हुए भी इन भाषाओं के साथ इन्हीं के अक्षर का अर्थ देते हैं, वैसे ही नागरी वर्णमाला का सम्बन्ध नागर वा नागरी भाषा के साथ दोनों प्रकार से अटल है, जैसे कि पाली के अक्षर और भाषा दोनों का एक शब्द से बोध होता है।"

'काशी नागरी प्रचारिणी सभा' और 'नागरी प्रचारिणी' पत्रिका में प्रयुक्त 'नागरी' शब्द हिन्दी के इसी नाम की ओर इशारा करता मालूम होता है, क्योंकि नागरी प्रचारिणी सभा के उद्देश्य में हिन्दी भाषा और नागरी लिपि इन दोनों ही का प्रचार सम्मिलित है, केवल नागरी-लिपि का नहीं।

आर्य भाषा—हिन्दी के अर्थ में आर्यभाषा' शब्द का प्रचार और व्यवहार करनेवाले सम्प्रदाय में आर्यसमाज के प्रवर्तक श्री स्वामी दयानन्द सरस्वती जी प्रमुख हैं। उन्होंने अपनी पुस्तकों में हिन्दी की जगह सर्वत्र 'आर्यभाषा' शब्द का ही प्रयोग किया है। पुराने ख़्याल के कट्टर आर्यसमाजी सज्जन आज भी इस शब्द के प्रचार के लिए तत्पर दिखाई देते हैं। गुरुकुलों के अधिवेशनों के साथ जो भाषा-सम्बन्धी परिषद् वा सम्मेलन होते हैं, उनके नाम नागरी व हिन्दी सम्मेलन न होकर 'आर्यभाषा-सम्मेलन' ही रक्खे जाते हैं। आर्यसमाजियों के अतिरिक्त भी कुछ लब्ध-प्रतिष्ठ साहित्य सेवी 'आर्यभाषा' नाम के समर्थक और पोषक रहे हैं, और हैं।

भागलपुर के चतुर्थ हिन्दी साहित्य-सम्मेलन में उसके सभापति महात्मा मुन्शीराम जी (बाद को स्वामी श्रद्धानन्द जी) ने अपने भाषण में

हिन्दी के स्थान में सर्वत्र 'आर्यभाषा' शब्द का ही प्रयोग किया है, और इस शब्द के प्रयोग के औचित्य में यह हेतु दिया है—

"मैनें कई बार "आर्यभाषा" शब्द का प्रयोग किया है। जिसे आप "हिन्दी" कहते हैं उसे मैं आर्यभाषा कहकर पुकारता हूँ। इसका मुख्य कारण तो यह है कि आपके ही एक पूर्व माननीय सभापति के कथनानुसार इस भाषा की बुनियाद उस समय पड़ चुकी थी, जब यह देश हिन्दुस्तान नहीं वरन् आर्यावर्त कहलाता था। फिर इस भाषा को हम केवल हिन्दुओं की ही भाषा नहीं बनाना चाहते, प्रत्युत सारे देश की राष्ट्रभाषा बनाना चाहते हैं, जिसमें जैन, बौद्ध, मुसलमान, ईसाई—सभी सम्मिलित हैं, इसलिए मैं इसे आर्यभाषा कहकर पुकारता हूँ।"[1]

इस प्रकार आपने 'आर्यभाषा' शब्द का प्रयोग 'हिन्दुस्तानी' के अर्थ में किया है; 'आर्यभाषा' अर्थात आर्यावर्त 'हिन्दुस्तान' की भाषा।

इसके बाद, अगले वर्ष, हिन्दी-साहित्य-सम्मेलन के लखनऊवाले पञ्चम अधिवेशन में भी हिन्दी के बजाय 'आर्यभाषा' शब्द के व्यवहार पर कुछ चर्चा चली थी।

'राष्ट्र-भाषा' हिन्दी का नया नाम है, जो कभी विशेषण के रूप में और कभी विशेष्य के रूप में प्रयुक्त होता है। कभी 'राष्ट्रभाषा हिन्दी' और कभी केवल 'राष्ट्रभाषा' शब्द से ही हिन्दी का बोध कराया जाता है। इस शब्द का जन्म और प्रचार विशेष रूप से राजनीतिक और साहित्यिक प्रगति के कारण हुआ है। यह बात सिद्ध रूप से मान ली गई है कि अपने व्यापक रूप और वाञ्छनीय गुणों के कारण हिन्दी ही देश की भाषा—राष्ट्र-भाषा—बन सकती है। इसी आधार पर हिन्दी का यह नया नामकरण हुआ है। हिन्दी-साहित्य-सम्मेलन के अतिरिक्त हिन्दी की पत्र-पत्रिकाएँ भी इस नाम का विशेष रूप से प्रचार कर रही हैं।

पिछले चौदह-पन्द्रह वर्षों से इसी उद्देश्य की पूर्ति के लिए कान्ग्रेस और प्रान्तीय राजनीतिक कान्फ़रेन्सों के साथ भी राष्ट्र-भाषा सम्मेलन हुआ करते हैं। यहाँ यह निवेदन कर देना भी आवश्यक प्रतीत होता है कि ऐसे सम्मेलन जहाँ हिन्दी-लिपि के प्रचार पर ज़ोर देते हैं, वहाँ भाषा को हिन्दुस्तानी बनाने का आदेश करते हैं। इसीलिए इन सम्मेलनों में हिन्दू,

---

1. चतुर्थ हिन्दी-साहित्य-सम्मेलन, भागलपुर, का कार्य-विवरण, भाग प्रथम, पृष्ठ 15।

मुसलमान, सिख, पारसी सभी समान भाव से भाग लेते हैं।

राजभाषा—कुछ विशेष विचारशील और दूरदर्शी विद्वानों की यह नई सूझ है कि हिन्दी या हिन्दुस्तानी भाषा, नाम या विशेषण के रूप में, भारत की भाषा की 'भावनी संज्ञा' राजभाषा हो सकती है—कभी आगे चलकर वह 'राज-भाषा' के नाम से पुकारी जा सकती है—राष्ट्रभाषा नहीं हो सकती। इस मत का प्रतिपादन प्रयाग-विश्वविद्यालय के हिन्दी-विभाग के अध्यक्ष प्रोफ़ेसर श्री धीरेन्द्र वर्मा, एम. ए., ने अपनी हिन्दी राष्ट्र या सूबा हिन्दुस्तान नामक पठनीय पुस्तक में बड़ी योग्यता और मार्मिकता से किया है। उन्होंने लिखा है—

"हिन्दुस्तानी का प्रचार धीरे-धीरे बढ़ता जा रहा है। महासभा[2] की कार्यवाही बहुत कुछ 'हिन्दुस्तानी' में होने लगी है। सम्भव है भविष्य की भारत सरकार की राजभाषा हिन्दुस्तानी हो जावे, किन्तु तो भी यह सम्पूर्ण भारत के लोगों की मातृभाषा के समान नहीं हो सकती। हिन्दुस्तानी का भारत में अधिक से अधिक वैसा ही स्थान हो सकेगा जैसा कि आजकल अँग्रेज़ी शासन में अंग्रेज़ी का है, मुसलमान काल में फ़ारसी का था, गुप्त सम्राज्य में संस्कृत तथा मौर्य साम्राज्य में पाली का था। घोषणा-पत्र हिन्दुस्तानी में निकल सकते हैं, और सम्भव है उन्हें सम्पूर्ण भारत में थोड़ा-बहुत समझ भी लिया जाए—यद्यपि इसमें सन्देह भी है, क्योंकि अंग्रेजी घोषणाओं को समझने के लिए आजकल भी प्रान्तिक भाषाओं में अनुवाद करना पड़ता है, और अशोक के आदेशों में भी प्रान्तिक प्राकृतों का प्रभाव पाया जाता है—किन्तु सम्पूर्ण भारत के लोगों के हृदयों तक तो हिन्दुस्तानी की पहुँच कभी नहीं हो सकती। चण्डीदास, तुकाराम, नरसी मेहता तथा बाबा नानक की सुधा-सूक्तियों के लिए तृषित आत्माओं की तृप्ति 'रामचरित मानस' अथवा सूरसागर कर सकेगा? ऐसी आशा करना अस्वाभाविक है। हिन्दुस्तानी भारत की 'राजभाषा' भले ही हो जाए, किन्तु 'राष्ट्रभाषा' नहीं हो सकती।" (पृ.12-13)

शैली भेद से ठेठ हिन्दी, शुद्ध हिन्दी और खिचड़ी हिन्दी इत्यादि भाषा के कुछ अटपटे नाम और भी धर लिए गए हैं, जिनका उल्लेख कुछ लेखकों ने किया है, पर इनका अन्तर्भाव इन्हीं पूर्वोक्त नामों में हो

2. काँग्रेस।

जाता है। इसलिए इन पर पृथक् विचार करने की आवश्यकता नहीं।

संसार में एक वस्तु के अनेक नाम होते हैं। प्रत्येक नाम का कुछ न कुछ कारण भी होता है। फिर भी नाम भेद से वस्तु में भेद नहीं हो जाता-जुदा-जुदा होने पर भी चीज़ एक ही रहती है। नाम एक प्रकार की उपाधि है, जिसे तात्विक दृष्टि से वेदान्त में मिथ्या बतलाया है। फिर भी व्यवहार में बहुधा यह नाम भेद ही मतभेद और सम्प्रदाय-भेद का कारण बन जाता है। एक इष्टदेव के भिन्न-भिन्न नामों को लेकर उपासक लोग आपस में लड़ने-झगड़ने लगते हैं, और नामभेद के ही कारण अपने उपास्य या इष्टदेव के स्वरूप-भेद की न्यारी कल्पना कर लेते हैं। इस प्रकार एक ही वस्तु नाम-भेद के कारण अनेक रूप धारण कर लेती है। अन्त में नाम-भेद की यही मिथ्या भ्रान्ति उपासकों के कलह का कारण बन जाती है।

हमारी हिन्दी भाषा एक थी, और एक है; पर हिन्दी और उर्दू के नाम-भेद से उसके दो जुदा-जुदा रूप माने जाने लगे। उसके उपासकों ने अपनी-अपनी रुचि और संस्कृति के अनुसार, उसकी विभिन्न आकार-प्रकार की दो मूर्तियाँ बनाकर खड़ी कर दी हैं। भाषा देश को एकता के सूत्र में बाँधने का—जातीयता का—कारण होती है; लेकिन दुर्भाग्य से यहाँ उल्टी बात हो रही है। एक ही भाषा, मिथ्या नाम-भेद के कारण भयंकर सम्प्रदाय-भेद का कारण बन रही है। संसार में और कहीं ऐसा अनोखा उदाहरण ढूँढ़े भी न मिलेगा। यह जितने आश्चर्य की बात है, उतनी ही दुर्भाग्य और दुःख की भी। नाम-भेद के कारण भाषा में भेद कैसे पड़ गया-हिन्दी और उर्दू को जुदा-जुदा करनेवाले कारणों पर ठंडे दिल से विचार करने की और, हो सके तो, उन्हें दूर करने की बड़ी ज़रूरत है।

भिन्नता के कारण

उर्दू लेखकों में फ़ारसी और अरबी पढ़े-लिखे विद्वानों की, आरम्भ ही से अधिकता रही है, इसलिए उन्होंने उर्दू में अरबी और फ़ारसी के कठिन शब्दों का व्यवहार ही अधिकता से नहीं किया बल्कि व्याकरण और पिङ्गल में भी अरबी-फ़ारसी के ही अस्वाभाविक और अनावश्यक नियमों का अनुकरण किया। यहाँ तक कि वह रस्मोरिवाज और ऋतु आदि के वर्णन में भी फ़ारसी आदि दूसरे देशों के प्राकृतिक दृश्यों का

ही समा बाँधते रहे, उपमान और उदाहरण सब उन्हें वहीं के सूझते रहे। वीरता के उल्लेख में रुस्तम, पक्षियों में बुलबुल, पुष्पों में नरगिस, नदियों में दजला और फ़रात, पहाड़ों में तूर, प्रेमियों में क़ैस और फ़रहाद, सुन्दरता के आदर्श में यूसुफ़, सुत-वत्सल पिता के उदाहरण में हज़रत याक़ूब, उदार दानियों में हातिमताई, न्यायकर्ताओं में नौशेरवाँ, आदिल इत्यादि—भारत में रहते भी उनकी दृष्टि इन दूर के विदेशी नामों पर ही पड़ती रही। उन्होंने यहाँ के भीम और अर्जुन, कोयल और मोर, गंगा और जमुना, हिमालय और विन्ध्याचल, कर्ण और विक्रम आदि अनेक का कभी भूलकर भी वर्णन नहीं किया।

उर्दू लेखकों की इस प्रवृत्ति ने उर्दू को एक नए विदेशी साँचे में ढाल कर हिन्दी से बलात् पृथक् कर दिया। मज़हबी जोश ने भी भाषा के भेद को बढ़ाने में कुछ कम काम नहीं किया। यह लय बढ़ते-बढ़ते यहाँ तक बढ़ी कि उर्दू ख़ालिस हिन्दुस्तान के मुसलमानों की मज़हबी ज़बान समझी जाने लगी। इसी तरह हिन्दी भाषा हिन्दुओं की। यही भावना एक दूसरे के वैर-विरोध और बहिष्कार का कारण बन गई। उर्दू के प्रायः मुसलमान लेखकों ने, और उनके अनुकरण में फ़साहतपरस्त हिन्दू लेखकों ने भी, ज़बान को 'उर्दू-ए-मुअल्ला' बनाने की धुन में उसके भण्डार से एक-एक हिन्दी-शब्द को बीन-बीनकर निकाल डाला और उनकी जगह कठिन, दुर्बोध और अप्रचलित अरबी, फ़ारसी और तुर्की शब्दों की भरमार कर दी। इसी प्रकार विशुद्ध हिन्दी के पक्षपातियों ने भाषा में व्यवहृत अनेक सरल और सुबोध प्रचलित उन फ़ारसी तद्भव और तत्सम शब्दों को भी, जिन्होंने हिन्दी का चोला धारण कर लिया था, अछूत समझ कर हिन्दी के मन्दिर से निकाल बाहर किया और उनके स्थान पर संस्कृत के भारी-भारी पोथाधारी पण्डिताऊ शब्दों को बिठा दिया।[1] इस बारे में 'तारीख़े-नसर-उर्दू के विद्वान् लेखक, अलीगढ़ मुसलिम युनिवर्सिटी के उर्दू लेक्चरर मौलाना 'अहसन' मारहरवी ने

1. भाषा के इस 'कायाकल्प' के प्रसंग में उस अधेड़ पति की हास्यजनक दुर्गति का स्मरण हो आता है, जिसके एक वृद्धा और एक तरुणी दो घरवालियाँ थीं। वृद्धा उसे अपने समान पकी उम्र का प्रकट करने के लिए फुरसत के वक्त में उसके सिर से काले बाल बीना करती, और इसी तरह युवती सफ़ेद बाल चुनचुन कर निकाल डालती। दोनों की इस बदाबदी में कुछ दिनों के भीतर ही, घरवाले बेचारे का हुलिया ही बदल गया—दाढ़ी मूँछ और सिर के सारे बालों का सफ़ाया होकर रह गया।

कितने पते की और कैसे इन्साफ की बात कही हैः-

".. .. ..साथ ही इसके यह ख़याल भी लाज़िमन् करना चाहिए कि हिन्दुस्तान में सिर्फ़ मुसलमान ही आबाद नहीं हैं, बल्कि उनसे बहुत पहले आरिया (आर्य) आबाद हो चुके हैं। अगर मुसलमान अपने साथ अरबी फ़ारसी और तुर्की अलफ़ाज लाए हैं तो हमसाया अक़वाम (पड़ोसी जातियों) के पास भी संस्कृत और दूसरी प्राकृतें मौजूद हैं। उर्दू के जामा जेब जिस्म पर भारी-भारी लफ़्ज़ों का बार (भार) डालना उसकी असली और फ़ितरी (प्राकृतिक) सूरत को बिगाड़ देना है। दस-बीस बरस से यह बबा-ए-आम फैली हुई है कि ख़ास कदो काबिश (जानबूझ कर—प्रयत्नपूर्वक) के साथ गैऱ-मुरब्बिज तरकीबें (अप्रचलित वाक्य-विन्यास) और नामूस (ग़ैर मानूस) अरबी व फ़ारसी अलफ़ाज का इस्तेमाल उर्दू इन्शा परदाज़ी (लेखन कला) का इम्तियाज़ी निसान (विशेषतासूचक चिह्न) समझा जाता है। मुसलमानों की इस हरकत ने हिन्दुओं को भी निचला बैठने नहीं दिया और अब वह भी अपने हलके-फुलके बयान को संस्कृत के भारी भरकम शब्दों से मिलाकर गुट्ठल करते जाते हैं। इसी ज़मन (प्रसंग) में तीसरी रविशे-तहरीर उन अँगरेज़ीख़्वाँ उर्दूदानों की है, जिनको यह मरज़ लाहक़ हो गया है (रोग लग गया है), कि उर्दू के एक लफ़्ज़ के बाद जब तक चार लफ़्ज़ अँगरेज़ी के न बोलें, सेहते ज़बान पर यक़ीन नहीं कर सकते।"('तारीख़ नसर उर्दू', मुकद्दमा, पृ. 29-30)

भाषा को दो भागों में विभक्त करनेवाला यह व्यापक रोग या 'वबा-ए-आम' जिसका उल्लेख मौ. अहसन ने ऊपर किया है, सिर्फ़ दस-बीस साल से ही नहीं बल्कि उससे बहुत पहले फैल चुका था, जिसका पता हज़ारों कोस दूर के विद्वानों को भी लग गया था। प्रसिद्ध फ्रेंच विद्वान गार्सां 'द' तासी ने अपने पाँचवें व्याख्यान (सन् 1854 ई.) में इस भाषा भेद के सम्बन्ध में यह निष्कर्ष निकाला हैः-

"हिन्दुस्तान की यह ज़बान, जिसे ख़ास तौर पर हिन्दुस्तान की ज़बान कहा जाता है, हिन्दी और उर्दू बोलियों में तक़सीम हो गई, जिसकी बिना (नींव) मज़हब पर है। क्योंकि आम तौर पर यों भी कहा जाता है कि हिन्दी हिन्दुओं की ज़बान है और उर्दू मुसलमानों की। यह वाक़आ (घटना) इस क़दर सही है कि जिन हिन्दुओं ने उर्दू में

इन्शापरदाज़ी की है, उन्होंने न सिर्फ़ मुसलमानों के तर्ज़े-तहरीर की नक़ल की है बल्कि इसलामी ख़यालात को भी यहाँ तक जज़्ब (आत्मसात्) किया है कि, उनके अशआर पढ़ते वक़्त बमुश्किल इस अमर का यक़ीन होता है कि यह किसी हिन्दू के लिखे हुए हैं।''[1]

ऊपर के इन दोनों उद्धरणों से यह स्पष्ट प्रतीत होता है कि भाषा-भेद का प्रारम्भ उर्दू-लेखकों ने किया और इन्हीं की कृपा से भाषा पर मज़हबी रंग भी चढ़ा। और अफ़सोस की बात यह है कि भाषा में ही नहीं दो जातियों में भी भेद बढ़ानेवाला यह मज़हबी रंग अब तक बराबर चढ़ाया जा रहा है। यहाँ तक कि उर्दू इतिहास के प्रसंग में भी बहुत से मुसलमान विद्वान लेखक खोज-खोजकर और खोद-खोदकर कभी कभी ऐसी बातें लिख जाते हैं जिनमें सख़्त मज़हबी तअस्सुब की बू आती है। पंजाब में 'उर्दू' के लेखक जनाब हाफ़िज महमूद खाँ साहब शिरवानी (प्रोफ़ेसर इसलामिया कालिज लाहौर और लेक्चरर पंजाब यूनिवर्सिटी) ने अपनी किताब में पंजाब में उर्दू की उत्पत्ति और प्रचार का इतिहास लिखते हुए उर्दू के उत्पादक उलमा (विद्वज्जनों) के बयान में एक जगह लिखा है—

''उलमा में सबसे मुक़द्दम (मुख्य) शेख़ इस्माइल लाहौरी मुतवफ़्फ़ी (परलोकगत) सन् 448 हिजरी हैं, जो जामा-उलूम ज़ाहिरी व बातिनी (परा और अपरा विद्याओं के भण्डार) थे। आप सादात बुख़ारा से हैं और लाहौर के पहले वाइज़ (धर्मोपदेशक)। सन् 395 हिजरी में बुख़ारा से लाहौर तशरीफ़ लाए और यहीं आबाद हो गए। आपकी मजलिसे-बाज़(व्याख्यान-सभाओं) में मख़लूक (जनता) कसरत से जमा होती थी। हिन्दू हज़ारों की तादाद में आपके बाज़ (धर्मोपदेश) सुन-सुनकर हलक़ा वगोश इसलाम (दीन इस्लाम के ग़ुलाम) हुए। कहा जाता है कि आपने पहले जुमे में ढ़ाई सौ, दूसरे में पाँच सौ पचास और तीसरे में एक हज़ार हिन्दू मुशर्रफ बइसलाम (इस्लाम में दीक्षित) किए।''[2] ऐसी ही मत-विद्वेष-वर्धक कहानी 'विकट कहानी' के लेखक मौलाना मुहम्मद अफ़ज़ल झंझानवी या पानीपती के बारे में विस्तार से लिखी है, जो एक हिन्दू बच्चे गोपाल पर आशिक़ थे और जिन्होंने बड़े ही घृणित उपायों से

1. मूल फ्रांन्सीसी उर्दू भाषान्तर ; रिसाला 'उर्दू' मास अक्टूबर सन् 1923 ई.।
2. 'पंजाब में उर्दू' पृष्ठ 33।

एक हिन्दू औरत को मुसलमान बनाकर उसे अपनी अहलिया (घरवाली) बनाया था।[1]

इस पुस्तक में और भी अनेक उर्दू प्रचारकों का वर्णन इसी रूप में किया गया है, जिन्हें पढ़कर यही मालूम होता है कि 'पंजाब में उर्दू' का लेखक उर्दू का नहीं पंजाब में इस्लाम के प्रचार का इतिहास लिख रहा है। वह इस्लाम को और उर्दू को एक ही समझता है। उसकी दृष्टि में उर्दू का महत्त्व इसीलिए है कि वह हिन्दुस्तान में इस्लाम के प्रचार का एक साधन थी और उर्दू के उत्पादक और प्रचारक ज़्यादातर शेख़ इस्माइल लाहौरी और अफ़ज़ल झंझानवी जैसे मौलाना लोग थे।

उर्दू के प्रचार और उसके साहित्य की वृद्धि में हिन्दुओं का हाथ कुछ कम नहीं है—उर्दू को इस उन्नत दशा में पहुँचाने का श्रेय बहुत कुछ हिन्दुओं को भी है, जिसे कई निष्पक्ष मुसलमान लेखकों ने भी स्वीकार किया है; पर उर्दू के आदर्श लेखक सदा से सिर्फ़ मुसलमान ही माने जाते रहे हैं। हिन्दुओं की उर्दू टकसाल बाहर या नगण्य ही समझी गई है। 'दरिया-ए-लताफ़त' में सैय्यद इन्शा फ़रमाते हैं-

"बर साहबे-तमीज़ाँ पोशीदा नीस्त कि हिन्दुआँ सलीक़ा दर रत्फ़ारो-गुत्फ़ार व खुराको पोशाक अज़ मुसलमानान याद गिरत्फ़ाअन्द दर हेच मुक़ाम क़ौलोफ़ेल ईहाँ मानते ऐतबार न भी तमानाद शुद।"[2]

अर्थात्—बुद्धिमानों से यह बात छिपी नहीं है कि हिन्दुओं ने बोलचाल-चालढाल खाना और पहनना इन सब बातों का सलीक़ा मुसलमानों से सीखा है, किसी बात में भी इनका क़ौल-फ़ेल ऐतबार के क़ाबिल नहीं।

उस जगद्गुरु हिन्दू जाति के विषय में, जिसने संसार को सबसे पहले सभ्यता का पाठ पढ़ाया और आचार व्यवहार सिखाकर मनुष्य बनाया, 'इन्शा' का यह फ़तवा कहाँ तक उचित है, इसका निर्णय इतिहासज्ञ विद्वान् ही कर सकते हैं। 'इन्शा' के इस उद्गार पर तो यही शेर सादिक़ आ रहा है—

"चोट थी तेरी सुख़न पर जा पड़ी इख़लाक़ पर,
तू ने चाके-पैरहन को ताजिगर पहुँचा दिया।"

---

1. यह कहानी 'पंजाब में उर्दू' के पृष्ठ 179-83 पर बड़े विस्तार से लिखी है।
2. 'दरिया-ए-लताफ़त,' दुरदान-ए-दोम (दूसरा अध्याय पृष्ठ-9)

ख़ैर। सय्यद ग़ुलाम मुहीउद्दीन क़ादरी एम. ए., ('उर्दू के असालीव बयान' के लेखक) के कथनानुसार, "इन्शाअल्ला खाँ उस दौर के इन्सान थे, जो उर्दू ज़बान का 'अहदे-जाहिलिया' कहा जा सकता है;" पर आश्चर्य तो यह है कि इस रोशनी के ज़माने में भी बड़े-बड़े रोशन-दिमाग़ कभी-कभी ऐसी बहकी बातें दोहराने में दरेग़ नहीं करते। नव्वाब सदर यार जंग जनाब मौलाना हबीबुर्रहमान ख़ाँ साहब शिरवानी ने लाहौर ओरिएण्टल कॉन्फ़रेन्स वाले अपने खुतब-ए-सदारत (सभापति के अभिभाषण सन् 1928 ई.) में गोस्वामी तुलसीदास जी के सम्बन्ध में, ग्रियर्सन साहब की इस प्रशंसात्मक सम्मति को अपने शब्दों में उद्धृत करके, कि "गौतम बुद्ध के बाद हिन्दुस्तान ने ऐसा सपूत पैदा नहीं किया। तौहीद (अद्वैत) और सेहते-नज़र (तत्त्वदर्शिनी दृष्टि) ने इसके (तुलसीदास जी के) कलाम (कविता) को हक़ीक़त का राज़दाँ (परमार्थ का रहसज्ञ पारखी) बनाकर बक़ाएदवाम का ख़िलअत दिया (अमरता का पद प्रदान किया)।" मौलाना साहब फ़रमाते हैं कि "सवाल यह है कि यह तौहीद और सेहते-नज़र कहाँ सीखी? जवाब वाक़आत से सुनो, इसी अकबरी दरबार में... .. ... ।"

शिरवानी साहब के इस कथन का तो यही अभिप्राय है कि गोस्वामी तुलसीदास जी अकबरी दरबार के एक विद्यार्थी थे—उन्होंने जो कुछ सीखा अकबर के दरबार में, उनके आश्रय में, रहकर सीखा। अकबर के सुशासन का समय या उनका दरबार नसीब न होता तो वह राम-चरित-मानस की रचना भी न कर सकते, जिसने उन्हें अमर कर दिया है।

अद्वैतवाद, जो इस्लाम से हज़ारों वर्ष पूर्व उपनिषदों में विस्पष्ट और विस्तृत रूप से वर्णित है—गौड़-पादाचार्य, शङ्कराचार्य और उनसे भी पहले पाशुपत सम्प्रदाय के अनेक आचार्यों ने जिसे अद्वितीय दार्शनिकता का रूप प्रदान किया, जिसकी अपूर्वता पर दाराशिकोह और पाल ड्यूसन मोहित होकर प्रशंसा करते नहीं थकते, उसे मुसलमान शासनकाल की या इस्लाम की देन या अतिया या उपज बतलाना एक आश्चर्यजनक ऐतिहासिक अन्धेर है। तुलसीदास जी ने अपने रामचरित-मानस के सम्बन्ध में स्पष्ट लिखा है कि वह 'नाना पुराण-निगमागम-सम्मत' है—अर्थात् उसकी रचना अनेक पुराणों और शास्त्रों के आधार पर की गई है, और केवल "स्वान्तः सुखाय" की गई है, किसी दरबार की प्रेरणा से,

उसके आश्रय में रहकर, उससे शिक्षा ग्रहण करके या किसी को प्रसन्न करने के निमित्त नहीं।

गोस्वामी तुलसीदास जी अपनी अमर रचना के लिए या उस बात के लिए, जिसके कारण डा. ग्रियर्सन ने उनकी वैसी प्रशंसा की है, यदि किसी के ऋणी हो सकते हैं तो वह नाना पुराण निगमागम के प्रणेता महर्षि वाल्मीकि और कृष्ण द्वैपायन व्यास आदि के, और उनसे भी अधिक भगवान् रामचन्द्र के। यही सच्चे 'वाक़आत' हैं। अकबरी दरबार को इसका ज़रा भी क्रेडिट नहीं दिया जा सकता।

तुलसीदास जी का अकबर के दरबार से कुछ भी सम्बन्ध रहा, इसका पता किसी भी पुराने इतिहास में नहीं मिलता। निस्सन्देह अकबर बड़ा उदार और गुणियों का क़दरदान बादशाह था। उसका शासन बहुत-सी बातों में आदर्श, अनुकरणीय और प्रशंसनीय था, उसके दरबार में अनेक हिन्दू विद्वान कवि और दार्शनिक थे, या किसी न किसी रूप में उनका दरबार से सम्बन्ध था, जिसका विवरण "आईन-ए अकबरी' में दिया हुआ है, पर उनमें गोस्वामी तुलसीदास जी का नाम कहीं भी नहीं है। तुलसीदास जी की प्रशंसा करते हुए सुप्रसिद्ध विन्सेन्ट स्मिथ साहब ने अपने इतिहास में लिखा है—

"........उनका (तुलसीदास जी का) नाम आपको आईन-ए-अकबरी या किसी दूसरे मुसलमान इतिहासकार के ग्रन्थ में कहीं न मिलेगा। फ़ारसी तवारीखों के आधार पर लिखनेवाले यूरोपियन यात्रियों के वृत्तान्तों में उसका कहीं ज़िक्र नहीं है। फिर भी वह हिन्दू भारत में अपने समय का सर्वश्रेष्ठ व्यक्ति था और उसका आसन अकबर से कहीं ऊँचा था। अकबर ने अपने शत्रुओं पर विजय प्राप्त की, उनको अपने वश में करके छोड़ा; पर इस कवि ने तो लाखों करोड़ों हृदयों पर अपना अधिकार जमा लिया—उन्हें सदा के लिए अपने वश में कर लिया। महत्त्व या स्थायित्व में अकबर की कोई भी विजय या दिग्विजय इस महाकवि की विजय की बराबरी नहीं कर सकती।[1]

इस अप्रिय प्रसंग को यहाँ इस प्रसंग में छेड़ने से मेरा अभिप्राय

1. 'विशाल भारत' में प्रकाशित 'अकबर का विद्याप्रेम' शीर्षक श्रीयुत पारसनाथ सिंह, बी. ए., एल. एल. बी. का लेख।

किसी पर आक्षेप करने का नहीं है। यह चर्चा इस जगह केवल इसी उद्‌देश्य से करनी पड़ी कि मज़हबी तअस्सुब भाषा के भेद में किस प्रकार कारण बनता रहा है और बन रहा है, और मालूम हो सके कि गार्सां द[1] तासी के इस कथन में कि, धार्मिक भेदभाव भाषा के भेद का प्रधान कारण हुआ है, कहाँ तक यथार्थता है।

मुसलमान लेखक उर्दू पर अपने एकाधिपत्य की सदा से घोषणा करते आएँ हैं। उनकी इस प्रवृत्ति ने उर्दू को हिन्दी से बिलकुल पृथक् करके उसे ख़ालिस मुसलमानों की ज़बान बना दिया। सैयद इन्शा ने 'दरिया-ए-लताफ़त' में लिखा है—

"....... محاورۂ اردو عبارت از گویائی اہل اسلام است۔"

"मुहावर -उर्दू-इबारत अज़ गोयाई अहले इसलाम अस्त।" (पृष्ठ 5)

अर्थात्—उर्दू से मतलब मुसलमानों की बोलचाल से है।

शम्सुलउलमा मौलाना अलताफ़ हुसैन साहब हाली ने मुन्शी सय्यद अहमद देहलवी की 'फ़रहंगे-आसफ़िया' पर रिव्यू करते हुए (सन् 1887 ई. में) प्रकारान्तर से यही बात विस्तारपूर्वक प्रतिपादित की है—

"उर्दू डिक्शनरी लिखने के लिए दो निहायत ज़रूरी शर्तें थीं। एक यह कि उसका लिखनेवाला किसी ऐसे शहर का बाशिन्दा हो जहाँ की ज़बान तमाम हिन्दुस्तान में मुस्तनद (प्रामाणिक) समझी जाती हो और ऐसे तमाम हिन्दुस्तान में सिर्फ़ दो शहर माने गए हैं—दिल्ली और लखनऊ। मगर मैं दिल्ली को लखनऊ पर तरजीह देता हूँ। अगर्चे उर्दू ज़बान का वह हिस्सा जिसको ज़्यादातर ख़वास शिष्ट समाज के शिक्षित लोग इस्तेमाल करते हैं, देहली व लखनऊ में चन्दाँ (अधिक) तफ़ावत (भेद) नहीं रखता, लेकिन अवाम (जन-साधारण) की ज़बान जिससे अहले-हरफ़ा (कारीगर लोग) व अहले-बाज़ार (दुकानदार लोग) के मुहावरात व इस्तलाहात मुराद हैं, और जो ज़बान का बहुत बड़ा हिस्सा और आजकल डिक्शनरी का जुज़वे-आज़म (मुख्य भाग) है, वह देहली में बनिस्बत लखनऊ के ज्यादा मुस्तनद समझे जाने के लायक़ है। शाहाने-अवध के मूरिसे-आला (पूर्वजों) के साथ जो ख़ानदान देहली से बिगड़ कर लखनऊ गए थे, वह अक्सर देहली के उमरा व शुरफ़ा के ख़ानदान थे, जिनके अकाबो-अख़लाफ़ (वंशज) आसफुद्दौला बल्कि सआदत

अली ख़ाँ के ज़माने तक तमाम दरबार पर हावी रहे, इसलिए आला तबक़े में (प्रतिष्ठित समाज में) उन्हीं की ज़बान जारी हुई। लेकिन देहली के अदना तबक़ो (नीची श्रेणी) में से अगर कुछ लोग वहाँ गए भी हों तो उनकी तादात इस क़दर हरगिज़ नहीं हो सकती कि उनकी ज़बान लखनऊ के तमाम अवामुन्नास (सर्वसाधारण) की ज़बान पर ग़ालिब आ जाए। इसलिए ज़रूरी है कि लखनऊ के अदना तबक़ों की ज़बान उस ज़बान से मुग़ायर (भिन्न) हो, जो देहली के उन्हीं तबकों में मुतदावल (प्रचलित) थी। पस, हमारे नज़दीक सिर्फ़ दिल्ली ही की ज़बान ऐसी है जिस पर उर्दू डिक्शनरी की बुनियाद रखी जाए।

"दूसरी शर्त यह थी कि डिक्शनरी लिखनेवाला शरीफ़ मुसलमान हो, क्योंकि ख़ुद देहली में भी फ़सीह उर्दू सिर्फ मुसलमानों ही की ज़बान समझी जाती है। हिन्दुओं की सोशल हालत (सामाजिक अवस्था) उर्दू-ए-मुअल्ला को उनकी मादरी-ज़बान (मातृभाषा) नहीं होने देती। कमाल ख़ुशी की बात है कि हमारी मुल्की ज़बान की पहली डिक्शनरी, जिस पर तमाम आयन्दा डिक्शनरियों की नींव रखी जाएगी, एक ऐसे शख़्स ने लिखी है जिसमें दोनों जरूरी शर्तें मौजूद हैं"[1]

उर्दू या 'उर्दू-ए-मुअल्ला' की इस ज़रूरी शर्त ने उर्दू के हिन्दू लेखकों को भी सब प्रकार से मुसलमान उर्दू-लेखकों का अनुयायी बनने को मज़बूर कर दिया। वह भी उर्दू का सुलेखक कहलाने के लिए इस रंग में लिखने लगे, जिसका नतीजा यह हुआ कि सही उर्दू वही समझी जाने लगी, जिसमें मुसलमानों के तर्ज़े-तहरीर की नक़ल की जाए, "इसलामी ख़यालात और जज़बात" उसी रूप में प्रकट किए जाएँ, जिस प्रकार मुसलमान लेखक करते हैं। उर्दू पर इस प्रकार इस्लामी रंग चढ़ता देखकर हिन्दीवाले हिन्दू भी चेते, और जनाब अहसन मारहरवी के लफ़्ज़ों में "मुसलमानों की इस हरकत ने हिन्दुओं को भी निचला बैठने नहीं दिया"—उन्होंने अपनी हिन्दी को ख़ालिस हिन्दू रंग में रंगना शुरू कर दिया। उर्दू का निराला रँग-ढँग देखकर उन्होंने भी उर्दू और हिन्दी के

1. मुंशी सैयद अहमद देहलवी के 'फरहंगे आसफ़िया' पर मौलाना हाली का रिव्यू; 'मज़ामीन हाली' पृष्ठ 158।

भेद की दिगन्तभेदी शंखध्वनि कर दी। हिन्दी साहित्य सम्मेलन के एक विद्वान् सभापति को अपने भाषण में यह उद्‌गार प्रकट करने की 'व्यवस्था' देने को विवश होना पड़ा—

"... .. .. ऐसी दशा में सर्वथा विदेशीय वाक्यावली से विकृत, प्रायः सब बातों में उलटी ही चलनेवाली, स्वधर्मभ्रष्ट उर्दू को पूरे परिवर्तित विचित्र रूप में सुस्पष्ट भिन्नाकृति को प्रत्यक्ष देखकर भी अब बुद्धिमान उसे हिन्दी से अभिन्न मान कैसे अपना सकते हैं? इसकी लेख प्रणाली उलटी, वर्णमाला स्वतन्त्र, रुपए में पन्द्रह आने शब्द भी विदेशीय और अपरिचित। वाक्य-रचना भी हमारे साहित्य और व्याकरण से सम्पूर्ण विरुद्ध, दोषयुक्त और अशुद्ध। इतने अनैक्य पर भी इसकी (उर्दू की) हिन्दी से एकरूपता वा अभिन्नता किस न्यायानुसार मानी जा सकती है? इसलिए ही हिन्दी भाषा के जितने अच्छे से अच्छे पूर्वाचार्य, कवि और विद्वान् हो गए, सब ने हिन्दी से उर्दू को विशेष बिगड़ी हुई एक भिन्न उपभाषा ही माना। इनको (हिन्दी, उर्दू को) एक तो उनमें एक ने भी नहीं माना।"[2]

व्याकरण-भेद

हिन्दी उर्दू का व्याकरण-भेद भी दोनों भाषाओं को पृथक् करने का एक प्रधान कारण हुआ है। राजा शिवप्रसाद सितारे-हिन्द हिन्दी उर्दू को एक ही समझने और माननेवाले थे। दोनों भाषाओं के भेद के कारणों को दूर करके एक करने का उन्होंने बहुत प्रयत्न किया। इस कारण उन्हें विशुद्ध-हिन्दी-वादियों का कोप भाजन भी बनना पड़ा था। ग्रियर्सन साहब ने राजा साहब के विषय में लिखा है—

"वह (राजा साहब) अपने इस प्रयत्न के लिए प्रसिद्ध हैं कि हिन्दुस्तानी भाषा की एक ऐसी शैली सर्वसाधारण में प्रचलित हो जाए जिसको वह आगरा, दिल्ली और लखनऊ या ख़ास हिन्दुस्तान [युक्त-प्रान्त वा सूबा हिन्दुस्तान (?)] की आम बोली या सर्वसाधारण की

2. द्वितीय हिन्दी-साहित्य-सम्मेलन (प्रयाग) के सभापति स्वर्गीय पंडित गोविन्दनारायण मिश्र की वक्तृता ; 40-41।

भाषा कहते हैं, जो फ़ारसी के बोझ से दबी हुई उर्दू और संस्कृत के भार से आक्रान्त हिन्दी के बीचोबीच है। इस कोशिश ने एक गर्मागर्म और विवादास्पद वितण्डावाद हिन्द निवासियों के बीच पैदा कर दिया हैं।''[1]

व्याकरण का यह भेद भाषा के भेद में किस तरह कारण बना—जुदा-जुदा दो व्याकरण कैसे बने, राजा साहब ने इसकी रोचक राम-कहानी इस तरह लिखी है—

''यह बड़ी विचित्र बात है कि हमारी देशी भाषा बराबर ऐसी दो लिपियों में अनिवार्य रूप से लिखी जाए जैसे फ़ारसी और नागरी। एक सीधी तरफ़ से लिखी जाती है, दूसरी उल्टी ओर से; पर यह बिलकुल ही अनोखी बात है कि इसके व्याकरण भी दो हों। यह हिमाक़त डा. गिलक्राइस्ट के वक्त के पण्डितों और मौलवियों की बदौलत पैदा हुई। वह (मौलवी और पण्डित) नियुक्त तो इस बात के लिए हुए थे कि उत्तर भारत की सार्वजनिक बोली का एक ऐसा व्याकरण बनावें जो समान रूप से सब के काम का हो, पर उन्होंने दो व्याकरण गढ़ कर रख दिए। एक ख़ालिस फ़ारसी-अरबी का, दूसरा ख़ालिस संस्कृत-प्राकृत का। उर्दू के व्याकरण-निर्माता मौलवी संस्कृत से अनभिज्ञ थे और उन्होंने इस बात पर दृष्टि न दी कि हमारी भाषा की जड़-बुनियाद आर्यन (Aryan—आर्य) हैं। इसी तरह पण्डित सेमेटिक (Semetic) या सामी (अनार्य) भाषा के प्रभाव को सहन करने की शक्ति न रखते थे। यहाँ से वह 'उर्दू-ए-फ़ारसी' (फ़ारसीमय उर्दू) निकली जो सरकारी दफ़्तरों में है, जिसको आम आबादी नहीं समझ सकती है। उसी तरह 'प्रेमसागर' की ख़ालिस हिन्दी सब को बोधगम्य नहीं है। एक तो क़ौमियत (भारतीयता) से इस क़दर छूछी है कि सब लोग उसे स्वीकार नहीं कर सकते। दूसरी बाल्योचित भोलेपन में उन घटनाओं से इनकार करती है जिनके असर से उर्दू एक ज़बान बन गई। इसका दुष्परिणाम यह हुआ कि देशी भाषा की पाठशालाओं का ऐसा व्याकरण बनने की जगह, जो फ़ारसी और नागरी दोनों लिपियों में बेखटके लिखा जाए,.. .. हमारे यहाँ दो परस्पर विरोधी

1. गियर्सन साहब लिखित 'Modern Vernacular Literature of Hindustan' ; पृष्ठ 148

श्रेणियों की पुस्तकें हैं—एक मुसलमान और कायस्थों के लिए, दूसरी ब्राह्मण और बनियों के लिए।''[1]

राजा साहब दूसरी जगह लिखते हैं—

''नादान मौलवियों और पण्डित दोनों की यह बड़ी भूल है कि एक तो सिवाय क्रिया-पदों और कारक-चिह्नों के बाक़ी सब शब्द सही फ़ारसी अरबी के काम में लाना चाहते हैं, और दूसरे विशुद्ध पाणिनि की टकसाल की ढली खरी-खरी संस्कृत। इसके मानी तो यह हैं कि यह जो हज़ारों बरस से हमीं लोग विभिन्न परिस्थितियों में पड़कर हज़ारों रद्दोबदल अपनी बोली में करते चले आए हैं, वह इनके रत्ती भर भी लिहाज़ के क़ाबिल नहीं। बल्कि स्वाभाविक नियमों और परम्परा की भी इन्होंने कोई परवाह न की। अति कठोर संस्कृत शब्दों को, जो हज़ारों बरस तक दाँत, होठ और जीभ से टकराते-टकराते गोलमटोल (सुडोल) पहाड़ी नदी की बटिया बन गए हैं, पण्डित जी फिर वैसे ही खुरदरे सिंघाड़े की तरह नुकीले पत्थर के ढोके बनाना चाहते हैं, जैसे वे नदी में पड़ने से पहले पहाड़ से टूटने के वक़्त रहते हैं। और मौलवी साहब अपने ऐन-क़ाफ़ काम में लाना चाहते हैं कि बेचारे लड़के बलबलाते-बलबलाते ऊँट ही बन जाते हैं। पर तमाशा यह है कि इधर तो मौलवी साहब या पण्डित जी एक लफ़्ज़ सही करने में या परदेसी होने के क़ुसूर में इसे कालेपानी जाने का हुक्म देते हैं और उधर तब तक लोग सौ लफ़्ज़ों को बदलकर कुछ का कुछ बना देते हैं। इस देश की बोली को फ़ारसी, अरबी, तुर्की और अँगरेज़ी लफ़्ज़ों से ख़ाली करने की कोशिश वैसी ही है, जैसे कोई अँगरेज़ी को यूनानी, रूमी, फ़रान्सीसी वग़ैरह परदेशी लफ़्ज़ों से ख़ाली करना चाहे। या जैसे वह हज़ारों बरस पहले बोली जाती थी, उसके अब बोलने की तदबीर करें।''[2]

राजा साहब ने उर्दू हिन्दी को जुदा करनेवाले व्याकरण के जिस स्कूल की ऊपर ख़बर ली है, वह अब तक बदस्तूर क़ायम है। आज भी हिन्दी, उर्दू के मदरसों और पाठशालाओं में उन्हीं भाषा-भेद को

---

1. राजा साहब के उर्दू 'सरफ़ नहो' (उर्दू-व्याकरण) की अँगरेज़ी भूमिका।
2. राजा शिवप्रसाद सितारेहिन्द के उर्दू-व्याकरण का तितिम्मा (परिशिष्ट) सन् 1877 ई. में प्रकाशित।

बढ़ानेवाले और परस्पर-विरोधी, व्याकरणों का प्रचार है, जो आज से पचास वर्ष पहले था। मौलाना अब्दुलहक़ (अंजमुन तरक़्क़ी-ए-उर्दू के सेक्रेटरी और त्रैमासिक 'उर्दू' के सुयोग्य सम्पादक) ने भी अपनी 'क़वायदे-उर्दू' की भूमिका में यही बात लिखी है। राजा साहब के उक्त मत की प्रकारान्तर से पुष्टि की है। मौलाना के कथन का भावार्थ यह है—

"हमारे यहाँ अब तक जो पुस्तकें व्याकरण की प्रचलित हैं, उनमें अरबी व्याकरण का अनुकरण किया गया है। उर्दू ख़ालिस हिन्दी ज़बान है और इसका सम्बन्ध सीधा आर्य भाषाओं से है। इसके विरुद्ध अरबी भाषा का ताल्लुक़ सेमेटिक (सामी-अनार्य) भाषाओं के परिवार से है। इसलिए उर्दू का व्याकरण लिखने में अरबी ज़बान का अनुकरण किसी तरह जायज़ नहीं। दोनों ज़बानों की विशेषताएँ बिलकुल पृथक्-पृथक् हैं, जो विचारने से स्पष्ट प्रतीत हो जाएगा। इसी तरह अगर्चे उर्दू हिन्दुस्तान में जन्मी है और इसकी बुनियाद पुरानी हिन्दी पर है—क्रियापद, जो भाषा का प्रधान अंग है, और सर्वनाम तथा कारक-चिह्न सबके सब हिन्दी हैं, सिर्फ संज्ञा और विशेषण अरबी फ़ारसी के दाख़िल हो गए हैं और कुछ थोड़े से नामधातु, जो अरबी फ़ारसी अलफ़ाज़ से बन गए हैं—जैसे बख़्शना, क़बूलना, तजबीज़ना वग़ैर—वह किसी शुमार में नहीं। बल्कि कुछ प्रतिष्ठित लोगों के मत में ऐसे पद सही भी नहीं। फिर भी उर्दू भाषा के व्याकरण में संस्कृत नियमों की भी परिपाटी का पालन नहीं किया जा सकता, इत्यादि"।[1]

नाम-भेद से भाषा में भेद यदि यहीं तक रहता कि एक भाषा के दो विभाग हो कर रह जाते—हिन्दीवाले यह कहकर ही सन्तोष कर लेते कि उर्दू हिन्दी की एक उपभाषा है, उसका एक विकृत रूप है, जैसा कि पण्डित गोविन्दनारायण मिश्र के भाषण के उद्धरण में हम पहले दिखा चुके हैं; और उर्दूवाले 'क़वायदे उर्दू' के लेखक मौ. अब्दुल-हक़ साहब की तरह यही कहकर बस करते कि, "यह (उर्दू) दर असल किसी प्राकृत या हिन्दी की बिगड़ी हुई सूरत नहीं बल्कि हिन्दी की आख़िरी और शाइस्ता सूरत है"—तो भी ग़नीमत था, समझौते की कोई सूरत निकल आती। लेकिन मामला इससे कहीं आगे बढ़ गया है, दोनों फ़रीक़

1. 'क़वायदे-उर्दू' मुक़द्दमा, पृष्ठ 18।

एक-दूसरे को देख नहीं सकते, एक-दूसरे की सत्ता को स्वीकार नहीं करते। बाज़ी बदकर और यह कहकर मैदान में डटे हैं:—

"हम और रक़ीब दोनों यक जा बहम न होंगे,
हम होंगे वह न होगा, वह होगा हम न होंगे।"

उर्दूवाले उर्दू को उसके आर्य-परिवार से निकालकर दूसरे गिरोह (सामी-ख़ानदान) में ज़बरदस्ती दाख़िल कर रहे हैं, और विशुद्धतावादी हिन्दीवाले कुछ विदेशी शब्दों के सम्पर्क से 'स्वधर्म' भ्रष्ट हुई भाषा को बहिष्कार का दण्ड दे रहे हैं। उसे हिन्दी मानने को किसी तरह तय्यार नहीं। इस तरह इन दो मुल्लाओं के बीच बेचारी भाषा की मुर्गी हलाल हो रही है।

इन दोनों फ़रीक़ों में कुछ समझदार लोग हैं, जो समझौते की कोशिश कर रहे हैं, पर मामला अभी सुलझने में नहीं आता। 'हिन्दुस्तानी एकेडेमी' की अदालते-आलिया में यह मामला बाहम सुलह सफ़ाई से तय हो जाए तो बड़ी खुशक़िस्मती की बात होगी। इसीलिए यहाँ मामले के दोनों पहलू पेश किए जा रहे हैं। हिन्दी-उर्दू की एकता के पुराने हामी राजा शिवप्रसाद सितारेहिन्द की शहादत आप सुन चुके हैं। जो लोग अरबी और फ़ारसी का जामा पहना कर उर्दू को ज़बरदस्ती उसके हिन्दी या आर्य परिवार से जुदा करने की जद्दोजहद कर रहे हैं, वह उर्दू के ज़बरदस्त अल्लामा स्वर्गीय मौलवी सय्यद बहीदुद्दीन साहब 'सलीम' पानीपती (प्रोफ़ेसर उसमानिया कालिज) की बेलाग शहादत और नेक सलाह कान खोलकर ज़रा तवज्जह से सुनें। 'सलीम' साहब अपनी 'वज़ै इस्तलाहात' (परिभाषा-निर्माण शास्त्र) में कहते हैं—

"हमारे बाज़ दोस्त उर्दू ज़बान के ग़ैर-आरियाई (अनार्य भाषा) होने का सबूत अजीब तरह देते हैं। वह उर्दू ज़बान की किसी किताब को उठाकर उसमें से थोड़ी-सी इबारत कहीं से इन्तख़ाब कर लेते हैं और उस इबारत के अलफ़ाज़ गिनकर बताते हैं कि देखो, इसमें अरबी के अलफ़ाज़ बमुकाबले फ़ारसी और हिन्दी के ज़्यादा हैं, हालाँकि यह बात कि—इबारत में अरबी अलफ़ाज़ ज़्यादा आएँ या हिन्दी वग़ैरह, कुछ तो मज़मून की नौइयत (विषय-भेद) पर मौकूफ़ है और कुछ लिखनेवाले के

तबई-मैलान (स्वाभाविक रुचि) पर मसलन् 'आरिया समाजियों' का मशहूर अख़बार 'परकाश' जो लाहौर से निकलता है, संस्कृत और भाषा के अलफ़ाज़ बकसरत इस्तेमाल करता है। 'अल्हिलाल' में, जो कलकत्ते से शाया (प्रकाशित) होता था, और जिसके एडीटर हमारे दोस्त मौलाना अबुलकलाम थे, अरबी अलफ़ाज़ की भरमार होती थी। इस मतलब के लिए अगर सही इस्तदलाल (युक्ति-युक्त विवेचन) करना हो तो हमारे नज़दीक उस जदवल (तालिका) पर एक नज़र डालनी चाहिए जो मरहूम (स्वर्गीय) सैयद अहमद देहलवी ने अपनी मशहूर लुग़ात 'फ़रहंग-आसफ़िया' के आख़िर में दर्ज की है, और जिसमें उर्दू ज़बान के हर क़िस्म के अलफ़ाज़ ज़बानों की नौइयत के लिहाज़ से गिनाए गए हैं।

जदवल मज़कूर-ए-बाला हस्ब ज़ैल (निम्नलिखित) हैः—

तमाम अलफ़ाज़ मुन्दर्जे फ़रहंगे-आसफ़िया	54009
यह मजमूई तादात (कुल जोड़) है, इसकी तफ़सील यों बताई है : हिन्दी जिसके साथ पंजाबी और पूर्वी ज़बान के बाज़ ख़ास अलफ़ाज़ भी शामिल हैंः	21644
उर्दू यानी वह अलफ़ाज़ जो ग़ैर ज़बानों से हिन्दी के साथ मिलकर बने हैं—	17505
अरबी	7584
फ़ारसी	6041
संस्कृत	554
अंगरेज़ी	500
मुख़्तलिफ़	181
	54,009

इसके बाद मुख़्तलिफ़ अलफ़ाज़ की फ़हरिस्त जुदागाना दी गई है, जो हस्ब ज़ैल हैंः

तुर्की		105
इबरानी (Hebrew)	11	
सुरयानी	7	18

यूनानी (Greek)	29	
पुर्तगाली	16	
लातीनी (Latin)	4	
फ़रान्सीसी (French)	3	
पाली	2	58
बर्मी	2	
मलाबारी	1	
हस्पानवी (Spanish)	1	
	मीज़ान कुल	181

इस जदवल से हस्ब ज़ैल नतायज़ (परिणाम) वाज़ै तौर पर (स्पष्ट रूप से) निकलते हैं:—

(1) हिन्दी के अलफ़ाज़ हमारी ज़बान में तमाम ज़बानों से ज़्यादा हैं, जो बमुक़ाबिला कुल मजमूए के निस्फ़ (आधे) के क़रीब हैं और अरबी के अलफ़ाज़ सेचन्द (तिगुने) हैं। इससे साफ़ साबित होता है कि हमारी ज़बान की असली ज़मीन या बुनियाद हिन्दी है। पस जो हज़रात हमारी ज़बान को खींचतान कर अरबी की तरफ़ ले जाना चाहते हैं, वह एक ऐसी ग़लती का इरतकाब करते हैं (ऐसी भूल करते हैं) जिससे इस ज़बान की फ़ितरत (प्रकृति) बिगड़ जाएगी।

(2) हिन्दी अलफ़ाज़ के बाद दूसरा दर्जा उन अलफ़ाज़ का है जो ग़ैर ज़बानों से हिन्दी के साथ मिलकर बने हैं। यह अलफ़ाज़ मजमूई अलफ़ाज़ के मुक़ाबिले में क़रीब एक तिहाई के हैं। इससे बय्यन तौर पर, साबित होता है (स्पष्ट रूप से सिद्ध है) कि ज़बान में तौसीअ (वृद्धि) और तरक्क़ी (उन्नति) का जो मैलान (प्रवृत्ति—झुकाव) है, उसका मंशा यह है कि हिन्दी के साथ ग़ैर ज़बानों के अलफ़ाज़ मिलाए जाएँ और इस तरीक़े से नए अलफ़ाज़ बनाए जाएँ। इस बिना (आधार) पर जो लोग इस ज़बान की तरक्की के ख़्वाहाँ (अभिलाषी) हैं, वह उसकी क़ुदरती रफ़्तार (स्वाभाविक गति) को समझ कर हिन्दी के साथ ग़ैर ज़बानों के अलफ़ाज़ मिलाकर जदीद (नवीन) अलफ़ाज़ बनायें।

(3) चूँकि दूसरी क़िस्म के अलफ़ाज़ हिन्दी और ग़ैर ज़बानों के मिलाप से बनाए गए हैं, इसलिए साफ़ ज़ाहिर है कि उनका शुमार हिन्दी

अलफ़ाज़ में है।[1] अब अगर यह अलफ़ाज़ और पहली क़िस्म के अलफ़ाज़ और फ़ारसी, संस्कृत और अंगरेज़ी के अलफ़ाज़ [कि यह तीनों ज़बानें भी आरियाई (आर्य) हैं] नीज़ (और) अट्ठावन अलफ़ाज़ मुख़्तलिफ़ अलफ़ाज़ में से [कि यह भी आरियाई ज़बानों (आर्य भाषाओं) के हैं] सब जमा किए जाएँ तो उनकी तादाद 46302 (छियालीस हज़ार तीन सौ दो) होती है। इस तादाद का मुक़ाबिला अरबी अलफ़ाज़ की तादाद से इबरानी और सुरयानी के अट्ठारह अलफ़ाज़ मिलाकर करो [यह दोनों ज़बानें भी अरबी की तरह सामी (Semetic) ज़बानें हैं] अब सामी अलफ़ाज़ की मजमूई तादाद (कुल संख्या) 7602 होती है, जो

---

1. फ़रहंगे-आसफ़िया' में जिन शब्दों को हिन्दी से पृथक् ख़ालिस उर्दू शब्दों की तालिका में गिनाया गया है, जिनकी संख्या 17505 है, और जिनकी तारीफ़ में वह लिखा गया है कि वे ग़ैर ज़बानों से हिन्दी के साथ मिलकर उर्दू में दाख़िल हुए हैं, वे किस प्रकार के हैं—उनका स्वरूप क्या है—उसके दो चार नमूने यह हैं:—

   'तुम्हारे मुँह में घी शक्कर।'

   'तुम्हारा माल सो हमारा माल और हमारा माल हें हें हें।'

   'तुम्हारा सर।'

   'तन को लगना।'

   'फ़रहंगे-आसफ़िया' में इन तथा ऐसे ही अन्य शब्दों को उर्दू में गिनाया है। इनमें ऊपर की दो मसल हैं और नीचे के दो मुहाविरे। इन्हें जैसे उर्दू का कह सकते हैं वैसे ही हिन्दी का भी। इनमें कोई ऐसी बात नहीं है जिससे इन्हें ख़ालिस उर्दू का ही कहा जा सके, हिन्दी का नहीं। इसलिए इन शब्दों को भी हिन्दी में ही शामिल कर दिया जाए, तो फ़रहंग के शुद्ध हिन्दी शब्दों की ही संख्या 39149 हो जाती है।

   'फ़रहंगे-आसफ़िया' के कई बरस के बाद काशी नागरी प्रचारिणी सभा द्वारा 'हिन्दी शब्दसागर' नामक हिन्दी का जो सब से बड़ा कोष प्रकाशित हुआ है, उसमें कुल शब्दों की संख्या 93115 है। इनमें फ़रहंगे-आसफ़िया के हिन्दी-उर्दू के प्रायः सभी शब्द आ गए हैं; यह मान कर फरहंग के 54009 शब्दों को हिन्दी शब्दसागर की शब्दसंख्या में से घटा दिया जाए, तो हिन्दी शब्दों की संख्या शब्दसागर के अनुसार, 39106 अधिक हो जाती है। फ़रहंगे-आसफ़िया की तरह हिन्दी शब्दसागर में शब्दों का वर्गीकरण करके भिन्नतासूचक तालिका नहीं दी गई है। हिन्दी शब्दसागर के सम्पादकों ने उन सब शब्दों को, जो किसी भी भाषा से हिन्दी में आ गए हैं, हिन्दी ही मान कर (जैसा कि "हिन्दी शब्दसागर" नाम से प्रकट है) शब्दों की संख्या 93115 दी है—यद्यपि प्रत्येक शब्द के सामने, जिस भाषा का वह शब्द है, उसका संकेताक्षर दे दिया है, पर हिन्दी में व्यवहृत होने के कारण वह सब हिन्दी ही के शब्द समझने चाहिए।

आरियाई अलफ़ाज़ के मुक़ाबिले में छठे हिस्से से भी कम हैं। गोया उर्दू ज़बान एक ऐसा मुरक्कब (सम्मिश्रण) है, जिसमें 'आरियाई' और 'सामी' दोनों अन्सर (तत्व) शामिल हैं। मगर इन दोनों अन्सरों की बाहमी निस्बत (अनुपात) 6 और 1 की है। इस ग़ालिब अन्सर की बिना पर (संख्याधिक्य के आधार पर) भी फैसला हो जाता है कि हमारी ज़बान दर हक़ीक़त एक आरियाई ज़बान है।"1

उर्दू में इल्मी इस्तलाहात (वैज्ञानिक परिभाषाएँ) अब तक अरबी से ही ली जाती रही हैं और ली जाती हैं, जिनका विशुद्ध रूप अरबी होता है। अरबी की इन भारी-भारी परिभाषाओं ने भी उर्दू को हिन्दी से जुदा करने में काफ़ी हिस्सा लिया है। जो परिभाषाएँ संस्कृत और हिन्दी से आसानी से ली जा सकती हैं, उनकी जगह भी अरबी और तुर्की परिभाषाएँ ढूँढ-ढूँढ कर उर्दू में दाख़िल करना उर्दू लेखक अनिवार्य-सा समझते हैं। उर्दू लेखकों की इस प्रवृत्ति को मौलाना अब्दुलहक़ साहब ने प्रकारान्तर से उचित बताया है। वह कहते हैं:—

".....अलबत्ता इस्तलाहात अरबी से ली गई है, क्योंकि इससे गुरेज़ नहीं। उर्दू ज़बान में तक़रीबन (लगभग) कुल इल्मी इस्तलाहात अरबी ही से लेनी पड़ती हैं, जैसे अँग्रेज़ी ज़बान में लातीनी और यूनानी से।"

'वज़ै इस्तलाहात' के विद्वान् लेखक ने अपनी पाण्डित्यपूर्ण पुस्तक में परिभाषा-निर्माण के सिद्धान्त पर बहुत विस्तृत बहस की है। जो लोग केवल अरबी से ही उर्दू में परिभाषा लेने के पक्षपाती हैं, उनके भ्रान्त मत का निराकरण इस प्रकार किया है। सलीम साहेब लिखते हैं—

"....मगर जो हज़रात वज़ै इस्तलाहात (परिभाषा निर्माण) में अरबियत के हामी हैं, वह तो फ़ारसी ज़बान से भी इस्तलाहें बनाने के रवादार नहीं हैं, हिन्दी का तो क्या जिक्र है। फिर एक गिरोह (सम्प्रदाय) है, जो इस्तलाहात में फ़ारसी की आमेज़िश (मिश्रण) को तो जायज़ रखता है, लेकिन हिन्दी मेल से नफ़रत का इज़हार करता है ग़रज़े कि यह दोनों गिरोह इल्मी इस्तलाहात में हिन्दी की मदाख़लत (हस्तक्षेप) को पसन्द नहीं करते। उनके नज़दीक वह इस्तलाहें, जो हिन्दी अलफ़ाज़ से

---

1. 'वज़ै इस्तलाहात', पृष्ठ 155-58

'क़वायद उर्दू' का मुक़दमा (भूमिका); पृष्ठ 19

बनाई जाएँ और जिनमें हिन्दी के मख़सूस हरूफ़ ट, ड, ड़ और मख़लूतुलहा हरूफ़ भ, फ, थ, ठ, ध, ढ, ढ़ ई (رھ), ख, घ, ल्ह (لھ), म्ह (مھ), न्ह (نھ), शामिल हों, महज़ बाज़ारी और मुब्तज़ल (अशिष्ट) अलफ़ाज़ होंगे।

"हमारे नज़दीक यह ख़याल सख़्त ग़लती पर मबनी (आधारित) है। हिन्दी, हमारी महबूब ज़बान (प्यारी भाषा) उर्दू के लिए, जिसको हम दिन-रात घरों में, बाज़ारों में, महफ़िलों और मजलिसों में, मदरसों और कारख़ानों में, और हर मुक़ाम में और हर हालत में बोलते हैं, और इसी को हमेशा लिखते और पढ़ते हैं, बमंज़िले-ज़मीन के है (भूमि के समान है)। इसी ज़मीन पर फ़ारसी और अरबी के पौधे लगाए गए हैं। इसी तख़्ते पर ग़ैर ज़बानों ने आकर गुलकारी की है। अगर यह ज़मीन (यानी हिन्दी) निकाल दी जाए तो फिर उर्दू ज़बान का नामोनिशान भी बाक़ी नहीं रहेगा। हिन्दी को हम अपनी ज़बान के लिए उम्मुल्लिसान (ام اللسان) (भाषा की जननी) और हयूलाए अव्वल (ہیولائے اوّل) (मूलतत्त्व) कह सकते हैं। इसके बग़ैर हमारी ज़बान की कोई हस्ती नहीं है। इसकी मदद के बग़ैर हम एक जुमला (वाक्य) भी नहीं बोल सकते। जो लोग हिन्दी से मुहब्बत नहीं रखते वह उर्दू ज़बान के हामी नहीं हैं; फ़ारसी, अरबी या किसी दूसरी ज़बान के हामी हों तो हों। क्या वह हिन्दी अस्मा ओ अफ़आल (संज्ञा और क्रियापद), जिनको हम रात-दिन चलते-फिरते, उठते-बैठते, ख़ाते-पीते और सोते-जागते इस्तेमाल करते हैं, मुब्तज़ल और बाज़ारी हो सकते हैं? क्या हमारे उलमा और ख़वास-ओ-अशराफ़ (विद्वान्, विशिष्ट और कुलीन सज्जन) इन अस्मा-ओ-अफआल को बेतकल्लुफ़ अपनी ज़बानों पर नहीं लाते? फिर यह क्या है कि जो अलफ़ाज़ अदना-ओ-आला, आमोख़ास, जाहिलो-आलिम सबकी ज़बानों पर हैं, वह हर क़िस्म की गुफ़्तगू और ख़तो-किताबत के वक्त तो मुब्तज़ल और बाज़ारी नहीं होते, मगर इल्मी इस्तलाहात बनाते वक्त उनको मुब्तज़ल और बाज़ारी कहा जाता है। क्या उर्दू ज़बान में सब ज़बानों से ज़्यादा क़सीरुत्तादाद (बहुसंख्यक) हिन्दी के अलफ़ाज़ नहीं हैं? क्या हिन्दी के ख़ास हरूफ़ ट, ड, ड़ और मख़लूतुलहा हरूफ़ (ख, ढ, भ आदि) हम बेतक़ल्लुफ़ अदा नहीं करते? क्या हम ऐसे अलफ़ाज़, जिसमें यह हरूफ़ हों, अपनी ज़बान से छीलकर दूर कर सकते हैं? क्या इन हरूफ़ के बोलने से हम हमेशा के लिए तोबा कर सकते हैं? अगर नहीं, तो क्या फिर हर मौक़े पर इन अलफ़ाज़ और इन हरूफ़ को इस्तेमाल करना, और हर फ़सीह तक़रीर और तहरीर में इनको दख़ल

देना और एक ख़ास मौक़े पर, यानी वज़ै इस्तलाहात के वक्त, उन अलफ़ाज़ व हरूफ़ को उनके शानदार दर्जे से गिरा देना और मुब्तज़ल और बाज़ारी की फब्ती उन पर चस्पाँ करना सरासर मुहमिल (असम्बद्ध) और बेमानी नहीं है?

"आख़िर हिन्दी अलफ़ाज़ को सख़ीफ़ और मुब्तज़ल समझने की वजह क्या है? इसकी वजह साफ़ ज़ाहिर है। जो क़ौम अपने दर्जे से गिर जाती है, वह हुर्रियत (स्वतन्त्रता) का ताज सर से उतार कर ग़ुलामी का तौक़ पहन लेती है, वह अपनी हर चीज़ को पस्तोज़लील समझने लगती है। अपना मज़हब दूसरों के मज़हबों के मुक़ाबिले में, उन्हें अदना और कमज़ोर नज़र आता है। ग़ैरों के इख़लाक़ और आदाबोरसूम (चरित्र और आचार व्यवहार)—अपने इख़लाक़ और आदाबोरसूम से अच्छे दिखाई देते हैं। इसी तरह अपनी ज़बान भी ग़ैरों की ज़बानों की निस्बत, नाशाइस्ता (अशिष्ट) और कम माया (दरिद्र) मालूम होती है। गैर ज़बानों के अलफ़ाज़ उनकी नज़र में निहायत शानदार और अरफ़ा (उच्चतम) हो जाते हैं, और अपनी ज़बान के अलफ़ाज़ हक़ीर (तुच्छ) और मुब्तज़ल मालूम होते हैं। यह मैलान गिरी हुई क़ौम के तमाम मामलात व हालात पर यकसाँ तौर से हावी हो जाता है।

"हमको इस धोके से बचना चाहिए और हिन्दी ज़बान के अलफ़ाज़ व हरूफ़ से, जो हमारी ज़बान की फ़ितरत में दाखिल हैं, नाक भौं चढ़ानी नहीं चाहिए। हम जिस तरह अरबी और फ़ारसी से इस्तलाहात लेते हैं, इसी तरह हिन्दी से भी बेतकल्लुफ़ वज़ै इस्तलाहात में काम लेना चाहिए और हिन्दी अलफ़ाज़ को, जो हमारी ज़बान के मानूसोमहबूब (परिचित और प्रिय) अलफ़ाज़ हैं, बाज़ारी और मुब्तज़ल कहकर दुनिया की नज़र में अपने तईं गैर-मोहज़्ज़ब (असभ्य) और तनज़्ज़ुलयाफ़्ता (पतित) साबित करना नहीं चाहिए। इस उसूल से सिर्फ़ उस सूरत में हटना चाहिए जब कि हिन्दी के अख़्तियार-करदा (अङ्गीकृत) मुफ़रद अलफ़ाज़ से मुरक्कब इस्तलाहात तय्यार करने में कोई दुशवारी पेश आए।"[1]

उर्दू को उन्नत और भारतव्यापी—राष्ट्रभाषा बनाने के लिए इस बात की बड़ी ज़रूरत है कि उसकी नई परिभाषाएँ संस्कृत या तन्मूलक

1. 'वज़ै इस्तलाहात', पृष्ठ 175-77

भाषाओं से ली जाएँ। नए शब्द-निर्माण के लिए संस्कृत का भण्डार अनन्त है, उसकी सहायता से सब प्रकार के शब्द बड़ी सुगमता से गढ़े जा सकते हैं। उर्दू हिन्दुस्तान की भाषा है। इसकी प्रवृत्ति हिन्दी है, इसलिए उसमें अनार्य (सामी) भाषा के शब्दों की अधिकता खटकने-वाली बात है। भारत में संस्कृत-मूलक शब्द जितनी सुगमता से समझे जा सकते हैं, उतने अरबी या तुर्की के शब्द नहीं। उनका उच्चारण और आशय हिन्दुस्तानियों के लिए अग्राह्य और अस्वाभाविक है। इसके अतिरिक्त इससे एक लाभ यह भी होगा कि हिन्दी और उर्दू का बढ़ता हुआ भेद मिट जाएगा। केवल इतना ही नहीं बल्कि भारत की अन्य समृद्ध प्रान्तीय भाषाओं के साथ भी उर्दू की घनिष्टता स्थापित हो जाएगी; क्योंकि बँगला, मराठी, गुजराती आदि भाषाओं में भी वैज्ञानिक परिभाषाएँ संस्कृत से ही ग्रहण की गई हैं और की जा रही हैं, जिनका प्रचार वहाँ शिक्षित-समुदाय और सर्वसाधारण में अच्छी तरह हो गया है। उर्दू में परिभाषाएँ अरबी से ही ली जाएँ, यह साहित्यिक दृष्टि से ही नहीं भाषा-विज्ञान की दृष्टि से भी श्रेयस्कर नहीं है। जिस भाषा और जिस रीति से हिन्दी में परिभाषाओं का निर्माण हुआ है, वही रीति उर्दू में भी ग्राह्य होनी चाहिए। जब उर्दू और हिन्दी एक ही है, तो यह परिभाषा-भेद की एक नई भीत इन दोनों के बीच में खड़ी करना किसी प्रकार भी वांछनीय नहीं कहा जा सकता।

पिङ्गल-भेद

उर्दू को हिन्दी से जुदा करने में पिङ्गल-भेद ने भी हाथ बँटाया है। उर्दू में अरूज़ या पिङ्गल फ़ारसी से आया और फ़ारसी में अरबी से। उर्दू और हिन्दी में भेद क्यों पड़ गया, इस पर मौ. अब्दुलहक़ साहब ने एक जगह अच्छा प्रकाश डाला है। मौलाना ने लिखा है—

"................ मुहम्मद कुली 'कुतुबशाह' की हुकूमत गोलकुण्डा में थी, जहाँ की सरकार और दरबारी ज़बान फ़ारसी थी और रिआया की ज़बान तैलङ्गी। यही हाल आदिलशाहियों का बीजापुर में था कि मुल्क के आसपास की ज़बान 'कनड़ी' (कनाड़ी) थी। यह दोनों ज़बानें 'द्रावड़ी' (द्रविड़) हैं और इन्हें 'आरियाई' (आर्य) ज़बानों से कोई ताल्लुक़ नहीं। इसलिए ज़ाहिर है कि इस मुल्क में जब उर्दू ने सूरत अख़्तियार की तो इसके ख़तोख़ाल (चेहरा मुहरा आकृति) क्या होंगे। 'तिलङ्गी' (तैलङ्गी) और 'कनड़ी' दोनों अजनबी और ग़ैर-मानूस, इनसे किसी क़िस्म का

मेल हो ही नहीं सकता। लामहाला (अन्ततोगत्वा) फ़ारसी का रंग इस पर (उर्दू पर) चढ़ गया। अव्वल तो फ़ारसी 'आरियाई', दूसरे सदहा साल की यकजाई, दोनों ऐसी घुलमिल गईं, जैसे शीरोशकर (दूध और खाँड़)। आम असनाफ़े-सख़ुन (कविता के प्रकार) मसलन् मसनवी, क़सीदा, रुबाई, ग़ज़ल उर्दू में भी बिला तकल्लुफ़ आ गए। अलफ़ाज़, तशबीहात (उपमाएं), इस्तआरात (रूपक) बने-बनाए तैयार मिल गये। अलफ़ाज़ के साथ ख़यालात भी दाख़िल हो गए और क़सीदे, मसनवी, रुबाई और ग़ज़ल में वही शान आ गई जो फ़ारसी में पाई जाती है, लेकिन सबसे बड़ा इनक़लाब, जिसने उर्दू व हिन्दी में इन्तियाज़ पैदा कर दिया, वह यह था कि अरूज़ (पिङ्गल) में भी फ़ारसी ही की तक़लीद (अनुकरण) की गई है, और बग़ैर किसी तग़य्युरो-व-तवद्दुल (परिवर्तन) के उसे उर्दू में ले लिया। फ़ारसी ने इसे अरबी से लिया था और उर्दू को फ़ारसी से मिला। अगर उर्दू (रेख़्ता) को अदबी-नशोनुमा (साहित्यिक-विकास) दकन (दक्षिण) में हासिल न हुई होती, तो बहुत मुमकिन था कि बजाय फ़ारसी अरूज़ के हिन्दी अरूज़ होता, क्योंकि दोआबा-गङ्गो-जमन (अन्तर्वेद) में आसपास हर तरफ़ हिन्दी थी और मुल्क की आम ज़बान थी। बख़िलाफ़ इसके दकन में सिवाय फ़ारसी के कोई इसका (उर्दू का) आश्ना (प्रेमी) न था। और यही वजह हुई कि फ़ारसी इस पर छा गई। वरना यह जो थोड़ा सा इम्तियाज़ (भेद) उर्दू हिन्दी में पाया जाता है वह भी न रहता और ग़ालिबन् (सम्भवतः) यह उर्दू के हक़ में बहुत बेहतर होता।''

* * * *

''अरूज़ का क़ौमी ज़बान और ख़यालात से ख़ास लगाव होता है। उर्दू ने इब्तिदा से, यानी जबसे इसे अदबी हैसियत मिली है, ग़ैर ज़बान का अरूज़ अख़्तियार किया। अगर बजाय फ़ारसी अरूज़ के हिन्दी अरूज़ होता, तो उर्दू हिन्दी नज़्म और ज़बान में वह मग़ायरत (परायापन), जो इस वक्त नज़र आती है, न रहती या बहुत कुछ कम हो जाती।''[1]

---

1. ''कुल्लियात सुलतान मुहम्मद क़ुली कुतुबशाह'' पर मौ. अब्दुलहक़ साहब का नोट; रिसाला 'उर्दू' (त्रैमासिक), मास जनवरी सन् 1922 ई.।

अपने इस विचार को मो. अब्दुलहक़ साहब ने एक दूसरे प्रसंग में फिर इन शब्दों में दोहराया है:—

"मैं एक दूसरे मज़मून के ज़मन (प्रसंग) में अपना यह ख़याल ज़ाहिर कर चुका हूँ कि उर्दू शाइरी पर फ़ारसी का ज़्यादातर असर इसलिए भी हुआ कि इसने शुरू से फ़ारसी अरूज़ अख़्तियार किया, और हिन्दी अरूज़ अख़्तियार न करने से वह बहुत-सी ख़ूबियों से महरूम (वञ्चित) रह गई।"[1]

प्रारम्भिक काल के किसी-किसी उर्दू कवि ने हिन्दी ढँग के छन्दों में कुछ कविता की थी, इसका पता चलता है, पर यह ढँग उर्दू में चल न सका। 'पंजाब में उर्दू' के लेखक ने उर्दू के पुराने कवियों के बारे में लिखते हुए एक जगह कहा है:—

".......यह और बहस है कि वह लोग (उर्दू के पुराने शाइर) दिल्ली के रोज़मर्रा में नहीं लिखते थे या जज़बात में फ़ारसी के मुतब्बा (अनुकरण कर्ता) नहीं थे और हिन्दी तर्ज़ में लिखते थे, उनके औज़ान (छन्द) हिन्दी थे।" ('पंजाब में उर्दू,' पृष्ठ 183)।

मीर तक़ी साहब 'मीर' ने तज़करे निकातुश्शोरा' में आसिफ़ अली खाँ 'आजिज़' (जो मीर साहब के सम-सामयिक थे) के बारे में लिखा है—"......अक्सर रेख़्ता दर-बहरे-कवित मी गोयद"—अर्थात् "आजिज़" कवित्त के छन्द में अक्सर उर्दू पद्य कहते थे। इसके आगे 'आजिज़ का यह उसी ढँग का एक कवित्त (?) उद्धृत किया है:—

"मेंह के बरसने की बाव चली है अब आँखों से जान बिन आँसू चलेंगे;
दर्द के नेसाँ के गौहरे-ग़लताँ तो मिट्टी में कंकरों से आह रुलेंगे।
तख़्ते जुनूँ मेरा वहशी दीवानों ने सर पर उठाए हैं शोरों से 'आजिज़';
अब मियाँ मजनूँ बबूलों की मोरछलों की ख़राबी से आपही झलेंगे।"

उर्दू कवियों और लेखकों की यह हिन्दी पिङ्गल की उपेक्षा बहुत खटकनेवाली और भाषा तथा भारतीयता का अपमान है। उर्दू में हिन्दी छन्दों का व्यवहार तो दूर रहा, उर्दू के बड़े दिग्गज लेखकों को हिन्दी छन्दों के प्रायः नाम तक याद नहीं। उन्हें 'कवित्त', 'दोहा' या 'दोहरा'

1. मुहम्मद अज़्मतुल्लाख़ाँ साहब, बी. ए., की 'बरखा रुत का पहला महीना' शीर्षक कविता पर नोट; 'उर्दू' जनवरी सन् 1923 ई.।

सिर्फ़ यह दो ही नाम याद हैं। उर्दू के सुप्रसिद्ध लेखक हज़रत 'नियाज़' फ़तहपुरी ने "जज़बाते-भाषा" लिखकर भाषा (हिन्दी) की शाइरी की दिल खोलकर दाद तो दी है, पर उन्होंने दोहा, बरवा, सोरठा और चौपाई इन सब का नाम अपनी किताब में 'दोहा' या "दोहरा" ही लिखा है और हिन्दी छन्दों को उर्दू में उद्धृत करते हुए प्रायः छन्दोभङ्ग कर दिया है।

बोलचाल की भाषा या खड़ी बोली की हिन्दी कविता में हिन्दी कवियों ने पिङ्गल के व्यवहार में उदारता से काम लिया है। उन्होंने प्रचलित उर्दू बहरों में भी कविता की है। पहले कवियों में घनानन्द[1] (बादशाह मुहम्मदशाह के मीर मुन्शी) ने अपनी 'विरहलीला' में उर्दू बहर इस्तेमाल की है। बाद को ललितकिशोरी (साह कुन्दनलाल जी, जिनका मृत्यु-संवत् 1930 वि. है), भारतेन्दु हरिश्चन्द्र, पं. प्रतापनारायण मिश्र, पं. बदरीनारायण चौधरी, 'प्रेमघन' बाबू बालमुकुन्दगुप्त, पं. नाथूरामशङ्कर शर्मा 'शङ्कर', पं. नारायणप्रसाद 'बेताब', पं. अयोध्यासिंह उपाध्याय 'हरिऔध', लाला भगवानदीन दीन, पं. गयाप्रसाद शुक्ल 'सनेही' इत्यादि प्रमुख हिन्दी कवियों ने उर्दू बहर में भी अच्छी कविता की है, मगर मुसलमान उर्दू कवियों ने हिन्दी पिङ्गल के मैदान में क़दम नहीं रक्खा— वर्तमान काल के किसी भी मुसलमान कवि ने हिन्दी पिङ्गल को नहीं अपनाया, यद्यपि अरबी अरूज़ की अपेक्षा हिन्दी का पिङ्गल सरल, सुबोध और हमारी भाषा के सर्वथा अनुकूल है। दोनों भाषाओं के बीच पिङ्गल भेद की यह भीत 'दीवारे-क़हक़हा' बनी खड़ी है, जो उर्दू हिन्दी को मिलने नहीं देती।

पण्डित अयोध्यासिंह उपाध्याय ने अपनी 'बोलचाल' की भूमिका में हिन्दी पिङ्गल और उर्दू अरूज़ पर विस्तार से बहस की है। दोनों के गुण-दोष का, सरलता और कठिनता का, उपादेयता और अनुपादेयता का, तुलनात्मक ढँग से अच्छा वर्णन किया है। उपाध्याय जी ने उस बहस के शेष वक्तव्य में जो निष्कर्ष निकाला है, वह यह है:—

"विचारणीय विषय यह था कि उर्दू बहरों के नियम यदि पिङ्गल के छन्दोनियम से सरल, सुबोध और उपयोगी होवें तो वे क्यों न ग्रहण किए जावें। इस विषय की अब तक जो मीमांसा की गई है उससे यह

---

1. जिनका जन्म संवत् 1746 वि. के लगभग हुआ, और जो संवत् 1796 वि. में नादिरशाही में मारे गए।

स्पष्ट हो गया कि (पिङ्गल के) छन्दोनियम उर्दू बहरों के नियम से कहीं सरल और सुबोध अथवा उपयोगी हैं। जितनी ही उर्दू बहर के नियमों में जटिलता है उतनी ही छन्दोनियमों में सुबोधता और सरलता है। यदि बहरों के नियम बीहड़ों के पेचीले मार्ग हैं तो छन्दोनियम राजपथ (शाहीसड़क) हैं। मैंने उर्दू बहर के नियमों की जाँच पिङ्गल नियमों के अनुसार की है और दोनों का मिलान भी किया है, उनका गुण-दोष भी दिखलाया है। अतएव तर्क का स्थान शेष नहीं है। तथापि यह कहा जा सकता है कि उर्दू बहरों को उर्दू नियमों की कसौटी पर कसना चाहिए और उसी की दृष्टि से उसके गुणदोषों का विवेचन होना चाहिए। पद्य परीक्षाकार[1] पृष्ठ 18 में इसी विषय पर यह लिखते हैं:—

"तक़्तीअ़ करते समय आवश्यकता हो तो गुरु वर्ण को लघु मान लेते हैं। हिन्दी में भी यह छूट जारी है, परन्तु अन्तर यह है कि हिन्दीवाले किसी-किसी छन्द में इस छूट से लाभ उठाते हैं, वर्ण वृत्तों में कदापि नहीं और उर्दूवाले हर बहर में। भी का भि, किसी का किसि, से का स, थे का थ, मेरी को मिरी, मेरि, मिरि, इसी तरह तेरी को भी। मेरा को मेर, मिरा मिर, इसी तरह तेरा को भी। यह वे को व, वह वो को व मानने में हानि नहीं। यह घटाना बढ़ाना अन्धाधुन्ध नहीं, नियत नियमानुसार है। सातों विभक्तियों के प्रत्यय गुरु से लघु होते रहते हैं।"

जिन नियमों के आधार से उर्दू-शब्द-संसार में ऐसा विप्लव उपस्थित होता है, यदि वे नियम हैं तो अनियम किसे कहेंगे? उर्दू भाषा के नियामक भले ही इस प्रकार के परिवर्तन को नियत नियमानुसार समझें परन्तु हिन्दी भाषा के आचार्यों ने उन्हें दोष माना है। यह मैं स्वीकार करूँगा कि हिन्दी भाषा में भी इस प्रकार के कुछ थोड़े से परिवर्तन होते हैं परन्तु वे परिमित हैं, उर्दू के समान अपरिमित नहीं हैं। अँगरेज़ी भाषा का नाइट (night) शब्द अँगरेज़ी नियमानुसार शुद्ध है किन्तु भाषाविज्ञानविद् अवश्य उसे देखकर कहेगा कि उक्त शब्द में जी (G), एच (h) की आवश्यकता नहीं क्योंकि उनका उच्चारण नहीं होता। लिपि की महत्ता यही है कि जो लिखा जावे वह पढ़ा जावे। सुवाच्य सुबोध और वैज्ञानिक लिपि वही है जिसके अक्षरों का विन्यास उच्चारण-

---

1. 'पद्य परीक्षा,' पं. नारायणप्रसाद 'बेताब' ने लिखी है। पिङ्गल और उर्दू बहरों की बहस इसमें भी अच्छी है।

अनुकूल हो, अन्यथा वह लिपि भ्रामक और दुर्बोध होगी और उच्चारण की जटिलता को बढ़ा देगी। यही दशा अँगरेज़ी में लिखे गए 'नाइट' शब्द की है तथापि वह शुद्ध है और नियमित है। उर्दू में लिखे गए (کور) कोर शब्द को देखिए, इसको 'कूर' 'कोर' 'कवर' और 'कौर' पढ़ा जा सकता है। लिखा गया एक अर्थ में एक उच्चारण के लिए, किन्तु वह है 'अनेक रूप रूपाय' तथापि वह शुद्ध और नियमित है। ऐसी ही अवस्था उर्दू बहर के नियमों की है। वे उर्दू 'तक़्तीअ' और प्रणाली से भले ही शुद्ध हों, किन्तु हिन्दी नियमों की कसौटी पर कसने के बाद उनका वास्तव रूप प्रकट हो जाता है। दो समानोद्देशवाली वस्तुओं का मिलान करने से ही उनका गुण-दोष, उनकी महत्ता और विशेषता विदित होती है। जिस प्रकार हिन्दी भाषा के वर्ण सहज, सुबोध और सुवाच्य हैं, जैसे उसका शब्द-विन्यास सुनियमित और अजटिल है, वैसे ही उसके छन्दोनियम भी हैं। इसके प्रतिकूल उर्दू की दशा है। जैसे उसके हुरूफ़ दुर्बोध और जटिल हैं, जैसे ही उसके शब्द-विन्यास और उच्चारण कष्टसाध्य हैं, वैसे ही उसके बहरों के नियम दुस्तर, जटिल और नियमित होकर भी अनियमित हैं। अतएव हिन्दी-संसार के लिए उनकी उपयोगिता अनेक दशाओं में अनुपयोगिता का ही रूपान्तर है। इन बातों पर दृष्टि रखकर उर्दू बहरों के व्यवहार के विषय में मेरी यह सम्मति है—

(1) आवश्यकता होने पर उर्दू बहरों की ध्वनि ग्रहण की जावे, किन्तु उसका उपयोग हिन्दी के उदाहृत लक्षण पद्यों के समान किया जावे।

(2) ध्वनि आधार से गृहीत प्रत्येक उर्दू बहर हिन्दी छन्दों के अन्तर्गत है, अतएव उसका शासन पिङ्गल शास्त्र के अनुसार होना चाहिए, हिन्दी छन्दोनियम ही उसके लिए उपयोगी और सुविधामूलक हो सकता है।

(3) गृहीत उर्दू बहरों की शब्द और वाक्य रचना हिन्दी छन्दों की प्रणाली से होनी चाहिए, उसी विशेषता के साथ कि एक मात्रा की भी कहीं न्यूनाधिकता न हो।

(4) यथा शक्ति शब्द-प्रयोग इस प्रकार किया जावे कि गुरु को लघु बनाने की आवश्यकता न पड़े। यदि उपयोगितावश ऐसी नौबत आवे तो वह अत्यन्त परिमित और नियमित हो।

(5) शब्द तोड़े-मरोड़े न जावें, च्युतदोष से सर्वथा बचा जावे। उर्दू की जिन त्रुटियों का ऊपर उल्लेख हुआ है, उनसे किनारा किया जावे, और निर्दोष छन्दोगति का पूरा ध्यान रखा जावे।[1]

लिपि-भेद

हिन्दी उर्दू को दो भिन्न भागों में विभक्त करने का प्रधान कारण लिपि का भेद है। हिन्दी उर्दू के विरोध की बुनियाद लिपि-भेद पर ही क़ायम हुई है; विरोध का महल इसी पर खड़ा है—दोनों भाषाओं में यही भेद एकता नहीं होने देता। यह लिपि-भेद यदि दूर हो जाए, तो हिन्दी-उर्दू विवाद के बख़ेड़े कभी खड़े न हों, सब विरोध शान्त हो जाए।

लिपि किसी भाषा को लिखने का साधन है। लिपि का साधन वही स्वीकार करना चाहिए जो सब से सुगम और असंदिग्ध हो, भाषा की प्रकृति के अनुकूल हो, उसके शब्दों को यथार्थ रूप में प्रकट करने की क्षमता रखता हो। उसमें जो कुछ लिखा जाए, उसे एक बच्चा भी आसानी से पढ़ सकता हो, जिसके सीखने में सब से कम समय और शक्ति लगे। ऐसी लिपि ही सर्वसाधारण में शिक्षा के प्रचार और प्रसार का साधन बन सकती है। नागरी लिपि में यह सब गुण पाए जाते हैं। उसके अक्षरों की बनावट बहुत ही वैज्ञानिक और उच्चारण सर्वथा निर्दोष है, इस बात को बड़े-बड़े देशी और विदेशी विद्वानों ने मुक्तकण्ठ से स्वीकार किया है। लिपि की एकता का प्रश्न भाषा की एकता का ही नहीं जाति की एकता का भी प्रश्न है। भारत की मुख्य लिपि, अपने विशेष गुणों के कारण, देवनागरी ही है। बँगला, गुजराती, गुरुमुखी, मराठी आदि लिपियाँ भी उसी का कुछ हेरफेर से रूपान्तर मात्र हैं।

उर्दू जिस लिपि में लिखी जाती है, उसकी गति-विधि भारतीय लिपि से सर्वथा भिन्न है। भारत में फ़ारसी लिपि का प्रचार मुसलमान शासकों के समय में हुआ। उनकी दरबारी भाषा फ़ारसी थी, तमाम दफ़्तर इसी में रक्खे जाते थे। इस सबब से दफ़्तर और दरबार के सम्पर्क में आनेवाले हिन्दू दरबारियों और कर्मचारियों को भी यही लिपि सीखनी पड़ी—वह भी इसी में लिखने-पढ़ने लगे। इस समय अँगरेज़ी भाषा और रोमन

1. 'बोलचाल' की भूमिका पृ. 108-11

लिपि के प्रचार का जो कारण है, वही उस समय फ़ारसी भाषा और लिपि के भी प्रचार का कारण था। बाद को जब दफ़्तर उर्दू में हुए, तो उर्दू भी उसी फ़ारसी लिपि में लिखी जाने लगी। भारत में फ़ारसी लिपि के प्रचार का संक्षेप में यही इतिहास है। समय विशेष में किसी सुविधा या मसलहत के ख़याल से जो बात अख़्तियार कर ली जाती है, ज़रूरत न रहने पर भी कभी-कभी वह बात या प्रथा मज़बूत और बद्धमूल हो जाती है, उससे एक प्रकार की ममता और कुछ मोह-सा हो जाता है; फिर वह छुटाए नहीं छूटती। उसका परित्याग धर्म के परित्याग के समान असह्य प्रतीत होने लगता है। ठीक यही बात फ़ारसी लिपि के सम्बन्ध में है। फ़ारसी लिपि का भारत से या भारत-निवासी मुसलमान भाइयों से, धार्मिकता या जातीयता की दृष्टि से कोई अटूट सम्बन्ध नहीं है, फिर भी इसने एक धार्मिक रूप धारण कर लिया है। यह लिपि-भेद दोनों भाषाओं और जातियों में एकता नहीं होने देता। यदि यह लिपि-भेद का बखेड़ा आड़े न आता, तो भाषा में और उसके कारण हिन्दू मुसलमान जातियों में इतना भयंकर और अनिष्ट भेदभाव कभी उत्पन्न न होता; हिन्दी उर्दू एक थी, एक ही रहतीं।

लिपि की एकता का जब कभी प्रश्न उठता है, इसके लिए आन्दोलन किया जाता है, तो मुसलमान भाई, यही नहीं कि उसमें सहयोग नहीं देते बल्कि उसका विरोध भी करते हैं। यह बात बड़े-बड़े विचारशील विद्वानों ने मान ली है कि भारत में जब तक एक लिपि का प्रचार न होगा तब तक न शिक्षा फैलेगी, न एकता होगी। स्वर्गीय जस्टिस शारदाचरण मित्र ने, इसी उद्देश्य से, "एक लिपि-विस्तार-परिषद्" की स्थापना की थी और 'देवनागर' पत्र निकाला था; जिसमें बँगला, गुजराती, मराठी, नेपाली, तैलङ्गी, उड़िया, मलयालम, कनाड़ी, तामिल, सिन्धी, पंजाबी, उर्दू और हिन्दी इन सब भाषाओं के लेख नागरी लिपि में ही छपते थे, भाषा उनकी बदस्तूर वही होती थी, सिर्फ़ लिपि देवनागरी रहती थी। पर सार्वजनिक प्रोत्साहन और सहयोग प्राप्त न होने से जस्टिस शारदाचरण का वह स्तुत्य प्रयत्न सफल न हो सका। ज़रूरत है कि फिर इसके लिए एक बार प्रयत्न किया जाए, कम से कम हिन्दी और उर्दू की एकता के लिए और हिन्दुस्तानी बोलनेवाली जनता में साहित्य और शिक्षा की अभीष्ट और यथेष्ट उन्नति के लिए इसकी नितान्त आवश्यकता है कि उर्दू हिन्दी दोनों की लिपि एक हो। यह बात

मैं किसी पक्षपात अथवा हिन्दीवालों के सुभीते के ख़याल से नहीं कहता, बल्कि इसकी उपयोगिता दूरदर्शी और विचारशील विद्वान् मुसलमानों ने भी स्पष्ट रूप से स्वीकार की है। अरबी, फ़ारसी और संस्कृत आदि अनेक भाषाओं के सुप्रसिद्ध विद्वान् 'तमद्दुने-हिन्द' के लेखक शम्सुल्उलमा जनाब मौलवी सैय्यद अली साहब बिलग्रामी उर्दू लिपि के सम्बन्ध में लिखते हैं:—

"......पहलवी और फ़ारसी की नाईं उर्दू भी उन अभागी भाषाओं में से है जिनके अक्षर दूसरी जाति से बनाए गए हैं और जिन अक्षरों का भाषा से कोई सम्बन्ध नहीं है। अर्थात् भाषा में जो शब्द हैं उनके लिए अक्षर अक्षर नहीं हैं। किसी-किसी शब्द के लिए तो बहुत से अक्षर हैं और किसी किसी शब्द के लिए अक्षर हैं ही नहीं। जैसे अरबी के 'से' और 'स्वाद' और 'सीन' तीनों से उर्दू में एक ही ध्वनि निकलती है। इन अक्षरों का काम केवल 'सीन' ही से चल सकता था। निस्सन्देह उन अरबी शब्दों का ध्यान करके, जो कि उर्दू में मिल गए हैं, इन अक्षरों का रहना आवश्यक है। परन्तु केवल उर्दू के लिए उनका रहना अनावश्यक और निष्प्रयोजन है। अर्थात् यदि कोई मनुष्य उर्दू भाषा के वाक्यों को बोलता जाए और दूसरा कोई अरबी से अनभिज्ञ मनुष्य उसे लिखता जाए तो जब तक कि उस लेखक को अरबी के इमलों का ज्ञान न हो वह केवल सुनकर शुद्ध नहीं लिख सकता। उर्दू अक्षरों में यह एक बड़ा भारी दोष है। यही हाल 'ज़े', 'ज़ाल', 'ज़्वाद' और 'ज़ो' का और इसी प्रकार के उर्दू के दूसरे अक्षरों का भी है।

"इन आर्य भाषाओं के अक्षरों में बहुत ही उपयुक्त बात यह है कि इनमें स्वर मात्रा से दिखलाए जाते हैं। परन्तु सेमेटिक भाषाओं में स्वर कुछ चिह्नों से दिखलाए जाते हैं जिन्हें ज़ेर, ज़बर, पेश और तनवीन इत्यादि कहते हैं। अर्थात् आर्य भाषा में तो 'स्वर' शब्द का एक भाग है, परन्तु सेमेटिक भाषाओं में वह केवल एक ऐसा चिह्न है जिसका लिखना अथवा न लिखना लेखक की इच्छा पर निर्भर है, और लेखक इसे प्रायः छोड़ दिया करते हैं।"

"इससे यह बात विदित हो गई होगी कि सेमेटिक भाषा की अपेक्षा आर्य भाषा क्यों सरल है। आर्य भाषा में एक शब्द केवल एक ही प्रकार से पढ़ा जा सकता है। यदि इस शब्द में कोई शंका उत्पन्न हो सकती है तो केवल इसी कारण कि कोई अक्षर ठीक प्रकार से नहीं लिखा गया।

सेमेटिक भाषा में एक शब्द को तीन चार से भी अधिक प्रकार से पढ़ सकते हैं, जैसे अरबी, शब्द 'कतब' को तीन प्रकार से पड़ सकते हैं— 'कुतब', 'कुतुब' अथवा 'कतब'। और इन तीनों में से कहाँ पर क्या पढ़ना चाहिए सो केवल वाक्य-प्रबन्ध से ही ज्ञात हो सकता है। परन्तु यही शब्द यदि संस्कृत, यूनानी या रूमी अक्षरों में लिखा जाए तो शंका करने की आवश्यकता ही न पड़ेगी। इन तीनों में जहाँ जो शब्द लिखना है वहाँ उसे स्पष्ट रीति से लिख सकेंगे और उसका अशुद्ध अथवा दूसरे प्रकार से पढ़ा जाना असम्भव होगा। यही कारण है कि कोई मनुष्य अरबी को बिना उसके कोष और व्याकरण से विज्ञ हुए नहीं पढ़ सकता। परन्तु एक बालक भी अक्षर पहचानने के पश्चात् ही संस्कृत, यूनानी अथवा लेटिन भाषा को बिना अर्थ समझे और बिना कठिनता के भली-भाँति पढ़ सकता है।''

''हम दिखला चुके हैं कि इस प्रयोग से प्रत्येक शब्द कई प्रकार से पढ़ा जा सकता है, और जब तक कि वह शब्द पहले ही से न मालूम हो तब तक उसका शुद्ध उच्चारण कदापि नहीं किया जा सकता, अतएव यह कहा जा सकता है कि प्रत्येक लिखा हुआ शब्द एक कल्पित चित्र है, जिसके उच्चारण का उसकी लिखावट से कोई सम्बन्ध नहीं है, और यदि है भी तो बहुत थोड़ा। इससे यह भली-भाँति समझ में आ सकता है कि इस दूसरी जाति के अक्षर ने उर्दू की पढ़ाई को कितनी कठिन कर रखा है, तो कुछ आश्चर्य की बात नहीं है कि हमारी पाठशाला के बालकों को केवल शुद्धतापूर्वक पढ़ना सीखने में दो वर्ष लग जाते हैं। इसका बहुत बड़ा प्रभाव मुसलमानों की विद्या सम्बन्धी उन्नति पर पड़ा है। यदि ध्यानपूर्वक देखा जाए तो दूसरी जाति में इतनी अविज्ञता कदापि नहीं है जितनी मुसलमानों में। और पढ़े-लिखे आदमियों की अधिक संख्या उन्हीं मुसलमानों में है जिन्होंने अपने को इस दूसरी जाति के अक्षरों के बन्धन से निर्मुक्त कर लिया है, अर्थात्, सिंध, बम्बई और बंगाल के मुसलमानों में, जो अपनी भाषा को सिन्धी, गुजराती और बंगाल के आर्य अक्षरों में लिखते-पढ़ते हैं।''[1]

''देवनागरी लिपि की प्रशंसा केवल हम आर्यों की सन्तान ही नहीं कर रहे, इसके महत्त्व की साक्षी हमको बाहर से भी मिलती है। 'एक-

---

1. प्रोफ़ेसर बदरीनाथ वर्मा, एम., ए., काव्यतीर्थ, की 'हिन्दी और उर्दू', पृष्ठ ८,९

लिपि-विस्तार-परिषद्' के एक अँगरेज़ उपप्रधान ने अपनी (वक्तृता) में कहा था कि, "देव-नागराक्षरों का सारे भूमण्डल में प्रचार होना चाहिए, क्योंकि इसके सदृश सर्वाङ्गपूर्ण दूसरी कोई लिपि नहीं।" उसी परिषद् के एक मुसलमान उपप्रधान (महाशय जस्टिस शरफ़ुद्दीन जज, हाईकोर्ट कलकत्ता) ने अपनी वक्तृता में कहा था कि भारतवर्ष में मुसलमानों को 'कुरान शरीफ़ भी देवनागराक्षरों में ही छपवाना चाहिए।"[1]

उर्दू लिपि के झंझट और भ्रामकता से तंग आकर उर्दू के बहुत से विद्वान उसके सुधार या उसकी जगह कोई दूसरी लिपि अख़्तियार करने का विचार करने लगे हैं। फ़ारसी लिपि की जगह रोमन लिपि स्वीकार करने का भी प्रस्ताव उठा था। रिसाले 'उर्दू' में इस विषय पर कुछ लेख भी निकले थे। फ़ारसी और उर्दू के लिए रोमन या लेटिन लिपि—(जिसमें अंग्रेज़ी छपती है)—उपयुक्त है या नहीं इस पर विचार करते हुए 'उर्दू' के सुयोग्य विद्वान सम्पादक ने लिखा है—

"हिन्दुस्तान में बहुत-सी ज़बानें मरव्विज (प्रचलित) हैं और अक्सर के ख़त (लिपि) एक दूसरे से नहीं मिलते। अगर यह सब ज़बानें लातीनी (लेटिन, रोमन) हरूफ़ अख़्तियार कर लें तो इनका सीखना किस क़दर आसान हो जाए, और कुछ भी हो इस हिन्दी-उर्दू बहस का तो पाप कट जाएगा।"

"मुझे ('उर्दू' सम्पादक को) अक्सर उर्दू की क़दीम किताबों के मुताले (अध्ययन) का इत्तफ़ाक़ होता है। पुराने अलफ़ाज़ के सही पढ़ने और सही तलफ़्फ़ुज़ के दरयाफ़्त करने में बड़ी दिक़्क़त होती है। अगर लातीनी (लेटिन) या नागरी हरूफ़ में यह तहरीरें होतीं तो इतनी दिक़्क़त न होती।"[2]

फ़ारसी लिपि की इस अपूर्णता और पेचीदगी को दूर करने के लिए अंजुमन तरक़्क़ी-ए-उर्दू की ओर से एक आन्दोलन उठा है। इस विषय में 'इसलाह रस्मुलख़त' (लिपि-सुधार) के नाम से बहुत से विचारशील विद्वानों की सम्मतियाँ अंजुमन के तिमाही 'उर्दू' में प्रकाशित हुई हैं। इन

---

1. चतुर्थ हिन्दी साहित्य-सम्मेलन के सभापति का भाषण, कार्यविवरण, प्रथम भाग, पृष्ठ 14

2. 'उर्दू' मास जुलाई सन् 1929 ई.।

सम्मतियों में अनेक विद्वानों ने जो विचार प्रकट किए हैं, उनमें से अधिकांश उर्दू वर्णमाला (हरूफ़ तहज़्जी) में सुधार और संशोधन करने के सम्बन्ध में हैं, जो इस प्रकार के हैं—उर्दू के 'अलिफ़ बे' में कई हरफ़ों की आवाज़ एक है' जैसे अलिफ़ (ا) और ऐन (ع) की—अलम (علم-الم) में आवाज़ एक ही है। इसी तरह 'ते' (ت) और 'तो' (ط) की; 'से' 'सीन' और 'स्वाद' (ث، س، ص) की और 'हे' (ہ، ح) की; 'ज़ाल' 'ज़े' 'ज़्वाद' और 'ज़ो' (ذ، ز، ض، ظ) की एक आवाज़ है। इनमें से उर्दू की ज़रूरत के लिए सिर्फ 'अलिफ़' 'ते' 'सीन' 'हे' और 'ज़े' (ا، ت، س، ہ، ز) काफ़ी है और बाक़ी हरफ़ 'ऐन' 'तो' 'से' 'स्वाद' 'ज़ाल' 'ज़्वाद' और 'ज़ो' (ع، ط، ث، ص، ذ، ض، ظ) बेज़रूर हैं। यह हर्फ़ सिर्फ़ अरबी लफ़्जों के लिखने में काम आते हैं।[1]

---

1. उर्दू में जो अरबी अलफ़ाज़ आते हैं, ख़ासकर जिनके साथ 'अल्' का मेल होता है, उनका सही तलफ़्फ़ुज़ (ठीक उच्चारण) 'शम्सी' और 'क़मरी' भेद न जाननेवालों के लिए, बहुत कठिन होता है। अरबी के हरूफ़-तहज़्जी (वर्णमाला के अक्षर) अट्ठाइस हैं, जिनमें 13 'हरूफ़ शम्सी' और 15 'हरूफ़ क़मरी' कहलाते हैं।

हरूफ़ शम्सी—

ت ث د ذ ر ز س ش ص ض ط ظ ن

= 13

हरूफ़ क़मरी—

ب ج ح خ ع غ ف ق ک ل م و ہ ا ی

= 15

जिस अरबी शब्द का आरम्भ किसी शम्सी हरफ़ से होता है, और उसके पूर्व अगर 'अल्' आता है तो अलिफ़ का उच्चारण होता है लाम का नहीं। इसके बदले में हरफ़ शम्सी को द्वित्व हो जाता है — उसे तशदीद लग जाती है; जैसे उद्दीन (الدین)

अगर अल् से पहले भी कोई अक्षर या शब्द हो तो अल् का उच्चारण बिलकुल नहीं होता, जैसे करीमुद्दीन کریم الدین 'नसीरुद्दीन' (نصیر الدین)।

इसी तरह जिस अरबी लफ़्ज़ के शुरू का हरफ़ 'क़मरी' होता है और उसके पहले 'अल्' आता है तो 'अल्' का तलफ़्फ़ुज होता है, जैसे अल् क़मर (القمر)

हाँ, अगर अल् के पूर्व कोई अक्षर या शब्द हो तो सिर्फ़ हरफ़ लाम का उच्चारण होगा, जैसे अब्दुलग़फ़ूर (عبدالغفور), बिलकुल (بالکل) बिलफ़ेल (بالفعل)

कदाचित् इस अल् के लपेट में आकर ही लफ़्ज़ (عیدالاضحیٰ) (ईदुलअज़हा) सिर्फ़ ईदुज़्जुहा (عیدالاضحیٰ) मशहूर है।

"उर्दू में बहुत से अलफ़ाज़ ऐसे भी पाए जाते हैं जिनका अरबी की असल और नसल से कोई ताल्लुक़ नहीं, मगर फिर भी वह अरबी पोशाक पहन कर अरबी बने हुए हैं, जैसे—तोता, रज़ाई, सद, शस्त वग़ैरह (طوطا رضائی صد شست وغیرہ) । तो क्या यह शब्द 'तो' और 'ज्वाद' से लिखे जाने के कारण अरबी बन सकते हैं? हालाँकि असूल तो यह माना गया है, 'जैसा देश वैसा भेष; जिसकी मिसाल अतरीफ़ल (اطریفل) और शतरंज (شطرنج) में इस वक्त पाई जाती है, जब कि यहाँ से वह परदेश (अरब), में चले गए थे। मगर यहाँ तो अपने देश में रह कर भी परदेश का भेष तरक नहीं किया जाता है और ख़ुददारी को ख़ैरबाद कह दिया गया है—आत्मसम्मान को तिलाञ्जलि दे दी है इसके ख़िलाफ़ ख़ुद अरबी उन्नस्ल (मूल अरबी) अलफ़ाज़ मुन्दर्जे ज़ैल (निम्नलिखित) किस तरह इस मसल के मिसदाक़ (उदाहरण) बनकर अपनी हरदिल अज़ीज़ी और सयासतदानी का सबूत दे रहे हैं, जिसमें एशियाई इत्तिहाद की सूरत भी नुमायाँ है। वह लफ़्ज़ यह हैं:—क़साई (قصائی), सही (صحی), मसाला, (مسالہ) सफ़ील (سفیل), ख़ैरसल्ला, (خیرسلا)........। यह भी कोई क़रीना है कि तलफ़्फ़ज़ तो एक आवाज़ में और नुमायश हो उसकी चार-चार सूरतों में। तलफ़्फ़ुज़ के मैदान में यह कोतल घोड़े किस काम आ सकते हैं ?...... फिर एक ऐन (ع) अब्द (عبد) में और शक्ल का है, बाद (بعد) में और वज़े का और नज़ा (نزع) में और सूरत का, हालांकि देवनागरी को इस शुतर गुरबगी (ऊँट बिल्ली के गठजोड़े) की हवा भी नहीं लगी।

"हमआवाज़ हरूफ़ का (जिनका उच्चारण एक-सा है) इख़राज बज़ाहिर एक बड़ा मामला मालूम होता है, मगर जब कि इन अशकालो हरूफ़ (अक्षरों की आकृति) पर न हसलाम का दारोमदार है न मुसलमानों की क़ौमियत का इनहिसार (आधार), तो यह चन्दाँ पसोपेस का मामला मालूम नहीं होता। ख़सूसन ऐसी सूरत में कि एक यक़ीनी और नक़द फ़ायदा भी नज़र आता है।

"इन हरूफ़ का सबसे बड़ा फ़ायदा मौजूदा हालत में यह कहा जा सकता है कि हरफ़ लफ़्ज़ अपना शजर-ए-निसबत (वंशावली) साथ

रखता है, और फ़ौरन मालूम हो जाता है कि इस लफ़्ज़ का माद्दा क्या है और किस लफ़्ज से मश्तक़ हुआ है—किस शब्द से बना है—जिससे हम इस लफ़्ज़ की इमला में गलती नहीं करते। लेकिन जब तमाम हमआवाज़ हरूफ़ ख़ारिज होकर सब की जगह सिर्फ़ एक ही हरफ़ रह जाएगा तो ग़लती का इमकान व एहतमाल भी न रह जाएगा। लिहाज़ा यह फ़ायदा महज़ 'कोह कन्दन व काह बरा उर्दन' (खोदा पहाड़ निकला चूहा) है। अगर यह कहा जाए कि जिस तरह अब अब्दुल अज़ीम (عبدالعظیم) के माने समझ में न आते हैं, इस तरह अब्दुल अज़ीम (ابدالازیم) के माने समझ में न आ सकेंगे। मगर यह भी कुछ बात नहीं है। रोटी, टुकड़ा, कागज़ दवात, सुफ़ेद, सुख़ वग़ैरा सदहा (सैकड़ों) अलफ़ाज़ के मानी समझ में नहीं आते, उस वक्त नामों के मानी समझने की क्या ज़रूरत पेश आएगी? अब भी हज़ारों लफ़्ज हैं, जिनकी शक्ल उर्दू लिबास में नहीं पहचानी जाती और दूसरी ज़बान के लुग़त से पता लगाया जाता है। उस वक्त भी अरबी लुग़त से ऐसे अलफ़ाज़ के मानी समझ लिया करेंगे।[1] यही बात उर्दू के सुयोग्य सम्पादक ने 'हमारी ज़बान और ज़रूरियात ज़माना' शीर्षक अपने नोट में इस तरह बयान की है:—

"......एक और मसला भी ग़ौरतलब है, वह यह कि आया उर्दू हरूफ़तहज्जी में हमआवाज़ हरूफ़ रखने की ज़रूरत है या नहीं। मसलन (ز ض ظ) उर्दू में सब एक ही आवाज़ देते हैं, फिर क्यों न इस आवाज़ के लिए सिर्फ 'ज़े' (ز) रक्खी जाए और बाक़ी हरूफ़ ख़ारिज कर दिए जाएँ? अहले अरब की ज़बान से 'ज़ो' ज़्वाद और ज़ाल के तलफ़्फ़ुज़ अलग अदा होते हैं, मगर हिन्दी की ज़बान से सिर्फ़ एक ही आवाज़ निकलती है और इसके लिए 'ज़े' काफ़ी है।"

"इस तजवीज़ के मुताल्लिक़ यह ऐतराज़ किया जाता है कि अगर यह हरूफ़ ख़ारिज कर दिए गए तो बहुत से अलफ़ाज़ की असलियत मालूम न हो सकेगी, मगर अब भी तो हज़ारहा अलफ़ाज़ ऐसे हैं कि

---

1. रिसाला 'उर्दू' मास अक्टूबर सन् 1923 ई. में सैय्यद अलताफ़ हुसैन साहब काज़िम का 'इसलाहे उर्दू' शीर्षक लेख।

जिनकी असलियत सिर्फ़ लफ़्जों के देखने या सुनने से नहीं मालूम होती। जो तरीक़ा उनकी असल दरियाफ़्त करने के लिए अमल में आता है, वही उनके लिए बरता जाए। अलावा अलफ़ाज वग़ैरा के असल की तहक़ीक़ लुग़ात-नवीसों का काम है या मुहक़्क़िक़ ज़बान का, आम अहले जबान को इससे कुछ ताल्लुक़ नहीं। दूसरा ऐतराज़ यह है कि अलफ़ाज़ की तहरीर में मुशाबहत (समानता) पैदा होने से मानी में इल्तबास (सन्देह) पैदा होगा। लेकिन इस वक्त भी हमारी ज़बान में सदहा (सैकड़ों) अलफ़ाज़ ऐसे हैं जो एक ही तरह से लिखे जाते हैं, मगर मानी मुख़्तलिफ़ है, इसलिए दोनों ऐतराज़ कुछ ज़्यादा क़ाबिल वक़अत नहीं।[1]

ऐसे शब्द जिनका उच्चारण और अर्थ एक है, परन्तु लिखे दो तरह के जाते हैं:—

तयार	طیار تیار	सही	صحیح سہی
शतरंज	شطرنج شترنج	सहनक	صحنک سہنک
क़फ़स	قفس قفص	मिसल	مثل مسل
ताश	تاش طاش	तश्त	طشت تشت
तन्तना	طنطنہ تنتنہ	ज़रा	ذرا زرا

1. रिसाला 'उर्दू' मास अक्टूबर सन् 1922 ई.।

तबाशीर	طباشیر تباشیر	रज़ाई	رضائی رزائی
मसाला	مصالہ مسالہ	इत्यादि, इत्यादि	
ख़ैरसल्ला	خیر صلا خیر سلا		

उर्दू में अरबी फ़ारसी के कुछ ऐसे शब्द जिनका उच्चारण तो एक-सा है पर इमला और अर्थ में भेद है, जैसे—

	शब्द	अर्थ
सवाब	ثواب	बदला
	صواب	ठीक, दुरुस्त
इसरार	اسرار	भेद, रहस्य
	اصرار	आग्रह, अनुरोध
मामूर	مامور	हुक्म दिया गया
	معمور	आबादी, बस्ती
	نظیر	मिसाल, मानिन्द
नज़ीर	نذیر	डरानेवाला
	نضیر	आबादार, ताज़ा, यहूदियों के क़बीले का नाम

कसरत	كثرت	ज्यादती, अधिकता
	كسرت	व्यायाम, वरज़िश
सदा	صدا	आवाज़
	سدا	हमेशा
असराफ़	اسراف	फ़ज़ूलख़र्ची
	اصراف	लफ़्ज़ 'सर्फ' का बहुवचन
नज़र	نظر	दृष्टि
	نذر	भेंट

इसी प्रकार हज़ार (حذر حضر), सफ़र (صفر سفر), मतबूअ (مطبوع متبوع) इत्यादि, इत्यादि।

ऐसे शब्द जो केवल नुक़ते के हेरफ़र से कुछ के कुछ हो जाते हैं:—

शब्द		अर्थ	
बनी	نبی	सन्देशवाहक	پیغمبر
बनी	بنی	बेटे	بنی (ابن کی جمع)
लुग़त	لغت	कोष	فرہنگ
नात	نعت	तारीफ़	تعریف
नबात	نبات	मिश्री, सब्ज़ी	مصری، سبزی
बिनात	بنات	बेटियाँ	بیٹیاں

ख़ुदा	خدا	ख़ुदा
जुदा	جدا	जुदा

उर्दू में 'ज़ेर' 'ज़बर', 'पेश' के ज़रा से भेद से एक ही शब्द के अनेक अर्थ और बहुवचन में भिन्नताः—

शब्द	अर्थ		बहुवचन	
मलक	مَلَک	فرشتہ	मलायक	مَلائک
मलिक	مَلِک	بادشاہ	मुलूक	مُلوک
मुलुक	مُلُک	ملک، دیس	ममालक	مَمالِک
मिलक	مِلَک	جاگیر	इमलाक	اِملاک

यही शब्द 'ज़ेर', 'ज़बर' 'पेश' की ज़रा-सी हरकत से इतने रूप और धारण कर लेता है:—

मलुक	مَلُک
मुलक	مُلَک
मुलिक	مُلِک
मिलुक	مِلُک
मिल्क	مِلْک

यह थोड़े से उदाहरण तो फ़ारसी लिपि की सन्दिग्धता और भ्रामकता के उन शब्दों के सम्बन्ध में है, जिनसे उर्दू भाषा भरी पड़ी है। फ़ारसी लिपि में लिखे गए संस्कृत और हिन्दी शब्दों, की जो दुर्दशा होती है और अर्थ का अनर्थ हो जाता है उसका तो कुछ ठिकाना ही नहीं है। इसके भी कुछ उदाहरण सुनिए—

उर्दू में दूसरी भाषा के शब्द

"कुल्लियाते वली" में हिन्दी के बहुत से ऐसे शब्द आए हैं, जिनका प्रयोग आजकल के उर्दू कवि नहीं करते। कुल्लियाते वली के सम्पादक जनाब मौलवी अली अहसन साहब 'अहसन' मारहरवी ने ऐसे शब्दों की एक तालिका 'फ़रहङ्गे दीवाने वली' की सुर्ख़ी से अकारादि क्रम से दी है। उसमें उन शब्दों के अर्थ भी दिए हैं। दीवाने वली में एक जगह 'दाड़िम' शब्द आया है। दाड़िम शब्द संस्कृत का है और हिन्दी में भी बहुत प्रसिद्ध है। इसका अर्थ अनार है। फ़ारसी लिपि में 'दाल' और 'वाव' (و, اور, و) की शक्ल बहुत मिलती जुलती है, कुछ यों ही ज़रा सा फ़र्क है, जो शिकस्ता लिखने में मालूम नहीं पड़ता। अहसन साहब ने दाड़िम को 'वाड़म' समझ कर फ़रहंग में उसे 'वाव' की रदीफ़ में 'वाड़म' (واڑم), लिखकर अर्थ दिया है—"ग़ालिबन् दकनी ज़बान में अनार को कहते हैं।" 'अहसन' साहब क़यास या अटकल से मानी तक तो पहुँच गए, पर शब्द के स्वरूप को न पहचान सके, और यह भी न जान सके कि 'वाड़म' शब्द दकनी का है या ठेठ संस्कृत वा हिन्दी का। अहसन साहब उर्दू फ़ारसी के सुप्रसिद्ध विद्वान, सुलेखक और सुकवि हैं। शाइरी में आप 'दाग़' के जानशीन समझे जाते हैं। 'तारीख़ नसर उर्दू' आप ही ने लिखी है, मतलब यह कि उर्दू साहित्य के आप प्रतिष्ठित और विशेषज्ञ विद्वान् हैं। जब वह भी फ़ारसी लिपि की भ्रामकता के कारण ऐसी भारी भूल कर सकते हैं, तो साधारण उर्दू जाननेवालों का ज़िक्र ही क्या है। वह जितना भी धोखा खाएँ थोड़ा है।

कहा जा सकता है कि अहसन साहब संस्कृत या हिन्दी नहीं जानते, इसलिए, फ़ारसी लिपि में लिखे हुए 'दाड़िम' को 'वाड़म' पढ़ गए, इसलिए क्षन्तव्य हैं; पर हम देखते हैं कि हिन्दी के बड़े-बड़े 'आचार्य' भी फ़ारसी लिपि में लिखा होने के कारण अपने हिन्दी संस्कृत शब्दों को पहचानने में कभी-कभी भयानक भूल कर जाते हैं। इसका भी एक उदाहरण देख लीजिए—

सय्यद इन्शा की वह मशहूर कहानी जिसका ज़िक्र मौलाना आज़ाद ने 'आबे हयात' में किया है, और जो औरङ्गाबाद (दक्षिण) के तिमाही रेसाले 'उर्दू' में छप चुकी है, वह काशी नागरी प्रचारिणी सभा द्वारा नागराक्षरों में (संवत् 1982 वि.) में भी प्रकाशित हुई है, जिसका

सम्पादन सुप्रसिद्ध विद्वान बाबू श्यामसुन्दर दास जी, बी. ए., ने किया है। कहानी के आरम्भ में आपकी लिखी 18 पृष्ठ की एक भूमिका भी है। सैयद इन्शा ने अपनी कहानी में एक हिन्दी छन्द लिखा है, जिसका पाठ सभा की प्रति में पृष्ठ 35 पर इस प्रकार है—

जब छाँड़ि के करील कुञ्ज कान्ह द्वारिका माँ जाए छिपे।
कुलधूत धाम बनाय घने महराजन के महराज बने,
मोरमुकुट और कामरिया कछ और हि नाते जोड़ लिए।
धरे रूप नए किए नेह नए और गइयाँ चरावन भूल गए।।

इस छन्द के दूसरे चरण का पहला पद 'कुलधूत' फ़ारसी लिपि की करामात का जीता जागता नमूना है, जिसने अनेक ग्रन्थों के सम्पादक और लेखक "आचार्य" को भी भ्रम में डाल दिया। मालूम ऐसा होता है कि नागरी प्रचारिणी सभा द्वारा प्रकाशित इस पुस्तक का पाठ फ़ारसी अक्षरों में छपी हुई उस प्रति के आधार पर छापा गया है, जिसकी प्रति का उल्लेख राय साहब ने अपनी भूमिका में किया है। यह 'कुलधूत' वास्तव में कलधौत' का जन्मान्तर है। फ़ारसी अक्षरों में कलधौत और कुलधूत ((کل دھوت)) एक ही तरह लिखा जाता है। कलधौत शब्द संस्कृत का है, और अपने तत्सम रूप में हिन्दी में भी प्रचलित है, जिसका अर्थ सोना-चाँदी दोनों हैं।[1] इसका प्रयोग 'रसखान' के प्रसिद्ध सवैए में भी आया है—

---

1. कलधौत सुवर्णौ स्यात् रजते च नपुंसकम् (हैमः)
कलधौतं रूप्य हेम्नोरिति (विश्वः)
कलधौतं रूप्य हेम्नोरिति (अमरः)
:.....कलधौत धामस्तम्भेषु.... माघ. 3/47
......धौतकल धौत मही ..... माघ.। 4/41।
.....कलधौत भित्तीः......4/31।
......कलधौत धौत...... माघ.। 13/51।
कन्येयं कलधौत कोमल रुचिः । (हनूमन्नाटक)
समन्तात् कलधौताग्रा उपासंगे हिरण्मये।
महा. गोहरण पर्वणि 40। 6

"कोटिन हू कलधौत के धाम करील की कुंजन ऊपर वारों।"

'इन्शा' ने भी इस शब्द का प्रयोग इसी रूप में और इसी अर्थ में किया है, 'कुलधूत' का तो यहाँ कुछ अर्थ ही नहीं बैठता। आश्चर्य है कि यह ग़लती (कलधौत का कुलधूत) 'इन्शा का काव्य' नामक पुस्तक में भी (जो उक्त सभा के एक विद्वान् सदस्य द्वारा सम्पादित होकर प्रकाशित हुई है) इसी रूप में ज्यों-की-त्यों मौजूद है। ख़ैरियत गुज़री कि 'गैया चरावन' (گیاچراون) का 'गय्या चुरावन' नहीं हो गया।

संस्कृत नाम फ़ारसी लिपि में कभी सही नहीं पढ़े जाते, कुछ से कुछ बनकर अजीब शकल अख़्त्यार कर लेते हैं। उनके समझने और सही पढ़ने में कितनी दिक्क़तें पेश आती हैं, इसके भी कुछ नमूने सुन लीजिए—

"संस्कृत के अरबी और फ़ारसी तराजुम" शीर्षक लेखमाला में शेख़ मुहम्मद इस्माईल ('सेक्रेटरी ओरियंटल पब्लिक लाइब्रेरी' पानीपत) ने लिखा है—

"......इससे पहले चन्द साल हुए सिर्फ मौलाना शिबली मरहूम ने अपनी किताब 'तराजुम' में दूसरी ज़बानों के ज़ैल में संस्कृत के 'तराजुम' की मुख़्तसर और सरसरी तारीफ़ बयान की है। शायद मौलाना मरहूम इसे कुछ मुफ़स्सल बयान कर सकते, मगर संस्कृत कुतुब (किताबों) के नामों की सेहत और तलफ़्फ़ुज़ अलफ़ाज़ से घबराकर इस फ़िकरे पर अपने मज़मून को ख़त्म कर दिया कि "मुबहम और ग़ैर सहीहुत्तलफ़्फ़ुज़ (غیر صحیح تلفظ) नाम लिखते-लिखते मैं आजिज़ आ गया हूँ।"

'शिबली' साहब ने तंग आकर संस्कृत नामों का लिखना छोड़ दिया, लेकिन शेख़ मुहम्मद इस्माईल साहब ने बड़ी खोज और परिश्रम के साथ तफ़सील से उन संस्कृत ग्रन्थों के नाम लिखे जिनके तर्जुमे अरबी और फ़ारसी में हुए थे, मगर फ़ारसी लिपि की भ्रामकता के कारण संस्कृत ग्रन्थों के नाम अक्सर कुछ के कुछ हो गए हैं। संस्कृत जाननेवाले भी उन नामों को मुश्किल से पहचान सकते हैं। जैसे 'सांख्य' का संखिया (بری ہم ہتیا) वृहत्संहिता का 'बरी हमहत्या' (سنکھیا)।

एक दूसरे विद्वान् सज्जन जनाब हामिद जमाल साहब का 'बंगाली ज़बान पर मुसलमानों के अहसान' शीर्षक लेख रिसाला 'उर्दू' (जुलाई सन् 30) में छपा है। यह लेख रवीन्द्रनाथ ठाकुर की कविता के उर्दू अनुवाद की भूमिका का एक अंश है। 'उर्दू' के सुयोग्य सम्पादक ने अपने सम्पादकीय नोट में इस लेख की बड़ी प्रशंसा की है। लिखा है—

"मज़मून दर असल पढ़ने और दाद देने क़ाबिल है।" इस प्रकार के उस 'प्रशंसित' लेख में संस्कृत शब्दों का रूप फ़ारसी लिपि में इस प्रकार दिया है—

गौड़ प्राकृत का کنیا کوجا یعنی قنوج (गौदा पिराकिरत)

इस शब्द पर फुट नोट है—'गौदा बंगाल को कहते हैं।' फिर पञ्च गौड़ (सारस्वताः कान्यकुब्जा ग़ौड़-मैथिल उत्कलाः) का अर्थ समझाया है—'पाँचों गोद के लोग (سوارسوتا یعنی پنجاب) सवारसोता (सारस्वत) यानी पंजाब, (گودا پربت) कन्या कूजा (कान्यकुब्ज) यानी क़न्नौज میتھلا یعنی دربھنگا गोद (गौड़) यानी बंगाल, اتکالا یعنی اڑیسہ मथीला (मैथिल) यानी दरभंगा, (گود یعنی بنگال) इतकाला, अलिफ़ के नीचे ज़ेर का निशान लगा है—(उत्कल) यानी उड़ीसा—यह सब मिलकर पाँच गौद कहलाते हैं।

इसी लेख में कुछ और शब्द भी इसी तरह के हैं—धर्माधिकारी का دھرمادھیکر (धर्माधीकर)। इस शब्द का अर्थ लिखा है क़ाज़ी। पात्र का (پترا) पन्ना। इसका अर्थ लिखा है वज़ीर। अट्टालिका (اتھالیکا) का अथालीका—'इमारत'। दमयन्ती का दमायन्ती, मधुर रसका मधुरा रस। चण्डीदास का चाँदी दास, چاندی داس (लगभग 10-12 बार यह शब्द इसी रूप में आया है), नकुल का नकोला (نکولا) (चण्डीदास का भाई); चातक का चटाका (چٹاکا) सावित्री देवी का (سراوتی دیوی) सरावती देवी, पार्वती का (پربتی) परबती, चैतन्य (महाप्रभु) का دنیان دیو चर्तानया (6 बार आया है), ज्ञानदेव का (چرتنیا) दनिया देव, आदि।

लिपि के इस दोष और लेखक की हिन्दी अनभिज्ञता ने "पढ़ने और दाद देने क़ाबिल" मज़मून की सूरत बिगाड़ दी है। मालूम ऐसा होता है कि अनुवादक बँगला भी नहीं जानते और उन्होंने रवीन्द्रनाथ के ग्रन्थों के अँग्रेज़ी अनुवाद से काम लिया है।

फ़रान्सीसी विद्वान् गार्सां द' तासी के व्याख्यानों का जो उर्दू अनुवाद 'उर्दू' पत्र में प्रकाशित हुआ है, उसमें भी हिन्दी संस्कृत नामों का, अनुवादक के हिन्दी न जानने के कारण, ऐसी दुर्दशा हुई है यथा—

अमरुशतक	का	امرسکتا	अमर सकता
भक्तमाल	का	بھگت مل	भगतमल
गीतगोविन्द	का	گیتا گوبند	गीता गोबिन्द
अग्रदास	का	آگرہ داس	आगरा दास
ऊषा	का	اوچھا	ऊछा

चातक का चटाका, अग्रदास का आगरा दास और चण्डीदास का चाँदी दास पढ़ा जाना एक हिन्दी और बँगला न जाननेवाले के लिए रोमन लिपि में ही सम्भव है। रोमन लिपि में संस्कृत शब्दों की नक़ल करने में, संस्कृत हिन्दी न जाननेवाले लेखक से ऐसी ग़लतियाँ अक्सर हो जाया करती हैं। 'क़वाइदे-उर्दू' के विद्वान् लेखक मौलाना अब्दुलहक़ साहब ने हिन्दी के किसी अंग्रेजी व्याकरण में 'तत्सम' शब्द लिखा देखा और उर्दू में उसकी नक़ल करते वक्त उसे 'टटसमा' (ٹٹسما) लिख दिया। 'क़वाइदे-उर्दू' के पृष्ठ 34 पर लिखा है—"बाज़ हिन्दी लफ़्ज जो टटसमा यानी ख़ालिस संस्कृत के हैं।" जो लोग भारतीय भाषाओं या हिन्दुस्तानी के लिए रोमन लिपि ग्रहण करने की सिफ़ारिश करते हैं, वह रोमन लिपि की इस विचित्र लीला को ज़रा ध्यान से देखें।[1]

---

1. रोमन लिपि में चातक, अग्रदास, तत्सम आदि इस प्रकार लिखे जाते हैं:—

Chataka, Agradasa. Chandidasa, Tatsama.

हज़रत अकबर मरहूम ने हिन्दी के मुताल्लिक़ एक शाइराना लतीफ़ा लिखा है। हिन्दी के विरोधियों को समझाया है। फ़रमाया है—

दोस्तो तुम कभी हिन्दी के मुख़ालिफ़ न बनो,

बाद मरने के खुलेगा कि य' थी काम की बात।

बस कि था नाम-ए-ऐमाल मेरा हिन्दी में,

कोई पढ़ ही न सका मिल कई फ़िलफौर नजात।

'अकबर' साहब हिन्दी और नागरी से अपरिचित थे।[1] इसी वजह से उन्होंने हिन्दी के बारे में ज़राफ़त के पैराए में ऐसा ख़याल ज़ाहिर फ़रमाया है। वर्ना इन्साफ़ से देखा जाए तो यह बात फ़ारसी उर्दू के हक़ में कही जा सकती है—उसी पर चस्पाँ होती है।

अरबी फ़ारसी लिपि सिर्फ़ भारतीय भाषाओं ही के लिए अनुपयुक्त नहीं है, टर्की और फ़ारिसवाले भी इससे तंग हैं, वहाँ भी इसके विरुद्ध आन्दोलन हो रहा है। टर्की में तो अरबी लिपि की जगह रोमन अक्षरों

---

1. एक बार जब मैं 'अकबर' साहब से मिलने उनके मकान इशरत मंज़िल में गया, तो मौलाना मीर गुलाम अली साहब आज़ाद बिलग्रामी की फ़ारसी किताब 'सर्वेआज़ाद' दिखाकर बोले कि "फ़ारसी कलाम के साथ इनमें कुछ हिन्दी कलाम भी हैं जो सही पढ़ा नहीं जाता, समझ में नहीं आता, इसमें से कुछ हिन्दी कलाम सुनाइए तो"। मैंने सैय्यद गुलाम नबी 'रसलीन' की हिन्दी कविता हिन्दी में पढ़ी थी, जो 'सर्वे आज़ाद' में भी दी हुई थी। इसलिए मैं उसे किसी तरह पढ़ सका और उसका मतलब भी उर्दू में समझाया। सुनकर बहुत ख़ुश हुए और कहने लगे—

"आज हिन्दू-मुसलमान हिन्दी उर्दू के लिए भी लड़ते हैं, दूसरी बातों के सिवा ज़बान का सवाल भी लड़ाई का सबब बन रहा है। देखिए, यह पहले मुसलमान शाइर अरबी-फ़ारसी के आला दर्जे के शाइर होने के बावजूद हिन्दी में भी कैसी अच्छी शाइरी करते थे। काश मुझे भी हिन्दी आती होती तो मैं भी हिन्दी में कुछ लिखता।"

मैंने अर्ज़ किया कि इतना तो आप अब भी कर सकते हैं कि हिन्दी के आम फ़हम अलफ़ाज़ (जिन्हें आजकल उर्दू के शाइर और मुन्शी मतरूकात की मद में दाख़िल करके बिला वजह छोड़ते जा रहे हैं, और उनकी जगह फ़ारसी अरबी के मुश्किल अलफ़ाज़ ढूँढ-ढूँढकर इस्तेमाल करते हैं) अपने कलाम में कसरत से दाख़िल कीजिए, जिससे दूसरे भी उसकी तक़लीद करें; ज़बान और सलीस और आमफ़हम हो जाए। इस पर फ़र्माया—

"मुनासिब तो यही है, पर अफ़सोस है मुझे हिन्दी आती नहीं, वर्ना मैं ज़रूर ऐसा करता, हिन्दी आ जाए तो आपके मशवरे पर अमल करूँ। कोई हिन्दी दाँ दोस्त इसमें इमदाद करे, तो हो सकता है। आप मुझे हिन्दी सिखा दीजिए।"

का रिवाज हो ही गया है, फारिस में भी इसके विरुद्ध चर्चा चल रही है। ईरान के प्रिन्स मिर्ज़ा मलकम ख़ाँ नाज़िमुद्दौला ने 'कुल्लियाते मलकम' जिल्द अव्वल में फ़ारसी लिपि के विरुद्ध चौबिस दलीलें दी हैं, और फ़ारिसवालों से इसे छोड़कर कोई दूसरी लिपि ग्रहण करने की अपील की है। 'कुल्लियात मलकम' सन् 1325 हिजरी (1907) में तेहरान में छापा था।[1]

शैली-भेद

हिन्दी उर्दू को दो भिन्न भागों में विभक्त करने का एक कारण शैलीभेद भी हुआ है। शैलीभेद व्याकरण भेद और लिपिभेद आदि का ही परिणाम है—भेद के इन कारणों की मौजूदगी में ऐसा होना अनिवार्य था। इसकी नींव अब से बहुत पहले पड़ चुकी थी। ईस्ट इंडिया कम्पनी के समय में डा. जान गिलक्राइस्ट के प्रयत्न से दोनों भाषाओं का भेद मिटाने के लिए हिन्दी उर्दू में जो पुस्तकें तैयार कराई गई थीं, उनमें भी शैली-भेद स्पष्ट रूप में मिलता है। यही नहीं कि उन पुस्तकों को लिखनेवाले मीर अम्मन और पं. सदल मिश्र आदि की शैलियों में असमानता है, बल्कि हिन्दी और उर्दू के इन लेखकों में भी आपस में शैली का भारी भेद मौजूद है। जिन लेखकों पर अरबी, फ़ारसी का गहरा रंग चढ़ा हुआ था, उनकी रचना में हिन्दी या हिन्दुस्तानी की जगह अरबी और फ़ारसी शब्दों की बहुतायत है। अक्सर मुहावरे भी वैसे ही हैं। "फिसाने अजायब" की मुक़फ़्फ़ा इबारत का भी रंग कहीं-कहीं झलक रहा है। इधर पं. सदल मिश्र और पं. लल्लू लाल जी की रचनाओं में भी कुछ ऐसी ही बात पाई जाती है। उनकी भाषा में ब्रजभाषा और संस्कृत का पुट है। प्रयत्न करने पर भी वह अपनी भाषा को हिन्दुस्तानी नहीं बना सके और न मीर सम्मन की बोली में अपनी बोली ही मिला सके।

यदि व्याकरण और लिपि आदि के भेदों को दूर कर दिया जाता, तो दोनों भाषाओं का एक रूप देने में सफलता सम्भव थी। उस दशा में

1. मौलवी महेशप्रसाद आलिम फ़ाज़िल की 'मेरी इरानयात्रा'', पृष्ठ 234-35।

शैलीभेद उत्पन्न ही न होता। यदि होता भी तो उतना ही होता जितना बँगला और गुजराती के हिन्दू मुसलमान लेखकों की शैली में है। उस नगण्य शैलीभेद से बंगला और गुजराती में हिन्दी उर्दू के समान दो सर्वथा विभिन्न दिशाओं में चलनेवाली शैलियाँ उत्पन्न नहीं होने पाईं। हिन्दी उर्दू में यह शैलीभेद कुछ विचित्र रूप में उत्तरोत्तर बढ़ता ही गया। इसको दूर करने का समूह रूप से कभी कोई प्रबल प्रयत्न नहीं किया गया।

प्रारम्भ में यह भेद इतना न था। ज्यों-ज्यों हिन्दी उर्दू के साहित्य में वृद्धि हुई, उसी अनुपात से शैली भेद भी बढ़ता गया। अब तो यहाँ तक नौबत पहुँच गई है कि इसके कारण हिन्दी उर्दू बिलकुल ही दो जुदा भाषाएँ बन गई हैं। इस भेद की उत्पत्ति के कारणों पर और इतिहास पर विचार कर लेना आवश्यक है। भाषा की इन दो शाखाओं में भेद उत्पन्न हो जाने पर भी पहिले के कवि और लेखक आजकल के कवि लेखकों से समझदार और समन्वयवादी थे। पहले उर्दू कवियों ने हिन्दी शब्दों का इस्तेमाल बड़ी बेतकल्लुफ़ी से किया है। इसी प्रकार हिन्दी के कवियों ने अपनी भाषा को फ़ारसी अरबी के प्रचलित शब्दों के प्रयोग से वंचित नहीं रखा। इसके कुछ उदाहरण भी दोनों भाषाओं की कविताओं से, आगे दिए गए हैं।

प्रचलित ठेठ हिन्दी शब्दों का बहिष्कार और उनकी जगह अप्रचलित अरबी, फ़ारसी या संस्कृत शब्दों की भरमार भाषा-भेद का एक प्रधान कारण है। यह प्रवृत्ति पहिले नहीं थी। उर्दू के पुराने कवि और लेखकों ने अपनी रचनाओं में ठेठ हिन्दी शब्दों का प्रयोग बड़ी अधिकता से किया है। उर्दू में कठोर फ़ारसी अरबी शब्दों के प्रयोग का प्रचार लखनऊ स्कूल है, दिल्ली के कवि और लेखक भाषा के विषय में बड़े उदार थे। दिल्ली के मुक़ाबिले में जब लखनऊवालों का स्कूल क़ायम हुआ, तो उन्होंने जान बूझकर दिल्ली की भाषा से अपनी भाषा का पलड़ा भारी करने के लिए 'मतरूकात' का नया क़ानून जारी करके उर्दू भाषा का 'कायाकल्प' कर डाला ऐसा क्यों हुआ, इसका कारण मौलाना हाली ने अपने दीवान के मुक़द्दमें (आलोचनात्मक विस्तृत भूमिका) में यह बतलाया है:—

"......जब दिल्ली बिगड़ चुकी और लखनऊ से ज़माना मुवाफ़िक़ हुआ और दिल्ली के अकसर शरीफ़ ख़ानदान और एक आध के सिवा तमाम नामवर शोरा (कविगण) लखनऊ ही में जा रहे और दौलत व सरवत के साथ उलूम क़दीमा (प्राचीन विद्याओं) ने भी एक ख़ास हद तक तरक्क़ी की। उस वक्त नेचुरल तौर पर अहले-लखनऊ को ज़रूर यह ख़्याल पैदा हुआ होगा कि जिस तरह दौलत और मन्तिक़ व फ़िलसफ़ा (तर्क और दर्शन) वग़ैरा में हमको फ़ौक़ियत (महत्ता) हासिल है, इसी तरह ज़बान और लबोलहजे में (उच्चारण और टोन) में भी हम दिल्ली से फ़ायक़ हैं, लेकिन ज़बान में फ़ौक़ियत साबित करने के लिए ज़रूर था कि अपनी और दिल्ली की ज़बान में कोई अमर माबउल्-इम्तियाज़ (भेदसूचक बात) पैदा करते। चूँकि मन्तिक़ व फ़िलसफ़ा व तिब (चिकित्साशास्त्र आयुर्वेद) व इल्मे-कलाम (वाक्य मीमांसा) वग़ैरा की मुमारसत (योग्यता अभ्यास) ज़्यादा थी, खुद बख़ुद तबीअतें इस बात की मुक़तज़ी हुईं कि बोलचाल में हिन्दी अलफ़ाज़ रफ़्ता-रफ़्ता तर्क और उनकी जगह अरबी अलफ़ाज़ कसरत से (अधिकता से) दाख़िल होने लगे, यहाँ तक कि सीधीसादी उर्दू उमरा (अमीरों) और अहले-इल्म (विद्वानों) की सोसाइटी में मतरूक (निषिद्ध) ही नहीं हो गई, बल्कि जैसा सकात से (मौतबिर लोगों से) सुना गया है, मायूब (दूषित समाज) और बाज़ारियों की गुफ़्तगू समझी जाने लगी, और यही रंग रफ़्ता-रफ़्ता नज़्म और नसर पर भी ग़ालब आ गया। नज़्म में 'जुरअत' और 'नासिख़' के दीवान का और नसर में 'बग़ोबहार' और 'फ़िसाने अजायब' का मुक़ाबिला करने से इसका काफ़ी सबूत मिलता है।[1]

मतरूकात

'मतरूकात' के क़ानून ने उर्दू के दायरे को हिन्दुस्तानीपन की दृष्टि से बहुत ही तंग कर दिया है, यहाँ तक कि उर्दू के जिस कवि और लेखक ने हिन्दी अलफ़ाज़ के इस्तेमाल से और हिन्दुस्तानी ख़यालात के इज़हार से ज़बान को वसअत और तरक्की देने का क़ाबिल क़दर काम किया, उसे ही 'अहले ज़बान' फ़हरिस्त से ख़ारिज कर दिया गया— ज़बान के बारे में उसे मुस्तनद नहीं माना गया। मिसाल के लिए मियाँ

---

1. 'शेरोशाइरी' पर हाली का मुकद्दमा, पृ. 148-49

नज़ीर को लीजिए। इन्साफ़ से देखा जाए तो उर्दू शाइरों में एक मियाँ नज़ीर ही ऐसे हुए हैं, जिन्होंने क्या ज़बान और क्या ख़्यालात और तलमीहात के लिहाज़ से ठेठ हिन्दुस्तानीपन का हक़ अदा किया है। नज़ीर को हम ख़ालिस हिन्दुस्तानी शाइर कह सकते हैं। उनका कलाम हिन्दुस्तानीपन का बेहतरीन नमूना है। हिन्दुस्तानी त्योहार, रस्मोरिवाज, मेले-ठेले और भारतीय सामाजिक जीवन का जैसा सच्चा, सही और जीता-जागता ख़ाका अपनी नज़्मों में मियाँ नज़ीर ने खींचा है, और जितने हिन्दुस्तानी शब्दों और मुहावरों का अधिकता से प्रयोग उन्होंने किया है, उसकी मिसाल किसी भी उर्दू या हिन्दी लेखक के यहाँ नहीं मिलती। उन्होंने हिन्दुस्तानी कविता की सिर्फ़ नींव ही नहीं डाली बल्कि उसकी एक शानदार इमारत भी खड़ी कर दी है। उनके इस आदर्श उपकार को ध्यान में रखकर हिन्दुस्तानीपन के हामियों और क़ौमियत के पुजारियों का फ़र्ज था कि वह उनकी पूजा करते, मगर अफ़सोस है कि इस जुर्म में उर्दू के धनी लोगों की, ख़ुदपरस्ती ने उन्हें 'मुस्तनद' और 'अहलेज़बान' शोअरा की विरादरी से ही ख़ारिज कर दिया।

मौलाना हाली ने अपने मशहूर मुक़द्दमे में मीर 'अनीस' के बारे में लिखते हुए मियाँ नज़ीर का ज़िक्रे-ख़ैर इस तरह किया है—

"आजकल यूरोप में शाइर के कमाल का अन्दाज़ा इस बात से भी किया जाता है कि उसने और शोअरा से किस क़दर ज़्यादा अलफ़ाज़ खुश सलीक़गी और शाइस्तगी से इस्तेमाल किए हैं। अगर हम भी इसी को मीआरे-कमाल (योग्यता का आदर्श) क़रार दें, तो भी मीर 'अनीस' को उर्दू शोअरा में सबसे बरतर (श्रेष्ठतम) मानना पड़ेगा। अगर्चे नज़ीर अकबराबादी ने शायद मीर 'अनीस' से भी ज़्यादा अलफ़ाज़ इस्तेमाल किए हैं, मगर उसकी ज़बान को अहले-ज़बान कम मानते हैं; बख़िलाफ़ मीर 'अनीस' के, उसके हर लफ़्ज़ और हर मुहावरे के आगे सबको सर झुकाना पड़ता है"—(पृष्ठ 182)।

मतरूकात के क़ानून का उर्दू शाइरी पर क्या असर हुआ, इसके मुताल्लिक़ मौलाना अब्दुलहक़ साहब की राय है:—

"......बाद के उर्दू शोअरा पर फ़ारसी का रंग ऐसा ग़ालिब आया कि यह ख़सूसियत उर्दू शाइरी से बिलकुल उठ गई और रफ़्ता-रफ़्ता

बहुत से हिन्दी अलफ़ाज़ भी ज़बान से ख़ारिज हो गए और उस्तादी अलफ़ाज़ के मतरूक करने में रह गई।

"........बाद में ऐसे अदीब (साहित्यिक) और शाइर आए, जो मये-शीराज़ (फ़ारसी) के मतवाले थे। इन्हें जो चीज़ें अजनबी और ग़ैर-मानूस और अपने ज़ौक़ के ख़िलाफ़ नज़र आईं वह उन्होंने चुन-चुनकर फेंक दीं और बजाय हिन्दी के फ़ारसी अन्सर (अंश) ग़ालिब आ गया। इसमें 'वली' और उसके हम-असर भी एक हद तक क़ाबिले इलज़ाम हैं। ......इस ज़माने में मौलवी हाली एक ऐसे शाइर हुए हैं, जिन्होंने उर्दू में हिन्दी की चाशनी देकर कलाम में शीरीनी पैदा कर दी है, मगर हम-असर शोअरा (समकालीन कवियों) में इसकी कुछ क़दर न हुई।"

आजकल उर्दू-ए-मुअल्ला के तरफ़दार और विशुद्ध हिन्दी के ठेकेदार उर्दू में हिन्दी लफ़्ज़ों की मिलावट और हिन्दी में अरबी-फ़ारसी शब्दों की खपत पर नाक भौं चढ़ाते और आपत्ति करते हैं।[1] पर इस तरह की मिलावट अबसे बहुत पहले प्रारम्भ हो गई थी, जिसके सबूत में 'अमीर ख़ुसरो' और 'शकरगंज' की कविता के यह नमूने मौजूद हैं:—

"ज़ हाले मिसकीं मकुन तग़ाफ़ुल,
दुराय नैना बनाय बतियाँ;
किताबे-हिजराँ न दारम् ऐ जाँ,
न ले हो काहे लगाय छतियाँ।
शबाने-हिजराँ दराज़ चूँ ज़ुल्फ़ो—
रोज़े-वसलत चूँ उम्र कोताह;
सखी पिया को जो मैं न देखूँ,
तो कैसे काटूँ अँधेरी रतियाँ।

---

1. एक मरतबा एक साहब ने यह मशहूर शेर पढ़ा—
"वक़्त मुझ पर दो कठन गुज़रे हैं सारी उम्र में,
आपके आने से पहले आपके जाने के बाद।"
दूसरे साहब जो पास बैठे सुन रहे थे, बोले, शेर तो उम्दा है, लेकिन इसमें लफ़्ज़ 'कठन' सक़ील है, इससे ज़बान की फ़साहत में फ़रक़ आ गया। ग़ालबन् शाइर ने गराँ या और कोई लफ़्ज़ मौज़ूँ किया होगा; किसी हिन्दीवाले ने उसके बजाय 'कठन' बनाकर शेर को फ़साहत के दर्जे से गिरा दिया।

यकायक अज़ दिल दो चश्म जादू,
बसद फ़रेबम् बबुर्द तसकीं;
किसे पड़ी है जो जा सुनावे,
पियारे पी को हमारी बतियाँ।
चु शमअ सोज़ाँ चु ज़र्रा हैराँ,
ज़ मह्र आँ मह बगश्तम् आखिर;
न नींद नैनाँ न अंग चैना,
न आप आवें न भेजें पतियाँ।
बहक्क़ रोज़े-विसाले दिलबर,
कि दाद मारा फ़रेब 'खुसरो';
सो पीत मन की दुराय राखौं,
जो जान (जाए) पाऊँ पिया की घतियाँ।''

× × ×

ज़रगर-पिसरे चू माह पारा,
कुछ घड़िए सँवारिए पुकारा;
नक़दे-दिले-मन गिरफ़्तो बिशिकस्त,
फिर कुछ न घड़ा न कुछ सँवारा।''

—अमीर ख़ुसरो

''वक्ते-सहर वक्ते-मुनाजात है,
खेंज़ दराँ वक़्त कि बरकात है।
नफ़ूस मबादा कि बिगोयद तुरा,
ख़ुस्प चे ख़ेज़ी कि अभी रात है।
या-दमे-खुद हमदमा हुशियार वाश,
सोहबते-अग़यार बुरी बात है।
वा तने-तनहा च र वी ज़ी ज़मीं।
नेक अमल कुन कि वही सात है।

पन्द 'शकरगंज व दिल जाँ शिनो,
ज़ाया मकुन उम्र कि है हात है।

—शेख़ फ़रीदुद्दीन 'शकरगंज'

इस प्रकार की कविता संस्कृत कवियों ने भी की है—संस्कृत में हिन्दी भाषा के पदों का पैबन्द लगाया है। एक कवि ने तो फ़ारसी क्रियापदों को बड़ी खूबसूरती से संस्कृत पद्य में खपाया है। इसके उदाहरण—

"ज्वरादिंता या कटुकान् कषायन्
न चेत्पिबेत्किं वद वैद्य ! देयम्
निबोध हंसी-मधुर-प्रचारे!
वहाँ बनफ़शा शरबत पिलावे।"
"पित्त-तापित-शरीर-वल्लरी,
सा सखी वद हकीम दवाई।
औषधं शृणु मृगाक्षि मनोज्ञं
जा गुलाब-गुलकन्द खवादे।'

—रामकृष्ण कवि

× × ×

"त्वत्कीतिंर्वरटा 'रसोद्' जलधिं
'तर्सीद' विप्रानलात्,
ऊर्ध्वं चा थ 'परीद' 'दीद' हिमंगु
'चस्पीद, तच्छान्तये।
मत्वैनं हि कलङ्किनं द्विजपतिं
'तरकीद' चाधुन्वती,
पक्षौ तारकितं 'कुनीद'[1] गगनं

---

1. इस संस्कृत सूक्ति में रसीद, तर्सीद, परीद, दीद, चस्पीद, तर्कीद, कुनीद, ये क्रियापद फ़ारसी मसदर रसीदन्, तर्सीदन, परीदन्, दीदन्, चस्पीदन्, तरकीदन् और कदरन् के भूतकाल के रूप कवि ने, अनुप्रास की समता का ध्यान रखकर, प्रयुक्त किए हैं। संस्कृत के हार में फ़ारसी के जवाहर जड़ दिए हैं!

स्फारैः सुधा-विन्दुभिः।''

जैसा कि पहले कहा जा चुका है, उर्दू के पुराने कवियों ने अपनी कविता में हिन्दी पदों का खुले दिल से प्रयोग किया है। हिन्दी शब्दों को उन्होंने उर्दू से भिन्न टकसाल बाहर नहीं समझा। इसके कुछ उदाहरण 'वली', 'सौदा' 'मीर' और 'इन्शा' की कविता से नीचे दिए जाते हैं। मतरूकात का क़ानून यद्यपि इन कवियों से पहले 'सौदा' के उस्ताद शाह 'हातम' के वक्त में जारी हो चुका था, लेकिन तब तक उसका अमल दरामद इस सख़्ती से नहीं हुआ था। उर्दू में हिन्दीपन का रंग मौजूद था। आप देखेंगे कि हिन्दी शब्दों के मेल से इन कविताओं की फ़साहत और बलाग़त में कोई कमी नहीं आई बल्कि इनकी मधुरता कुछ बढ़ ही गई है :—

'वली'

साया हो मेरा सब्ज़ बरंगे-परे-तूती;
गर ख़्वाब में वो नौख़ते शीरीं बचन आवे।
फ़सीहाँ ख़ल्क़ के सारे तुझे शीरीं-वचन कहते,
पिशानी रोज़े-रोशन और ज़ुल्फ़ काली रैन कहते।

(पृष्ठ 320)

न मिल महताब में भी किससू ऐ चन्दरबदन हरगिज़,
तजल्ली में तेरा य' मुख अहै ख़ुरशैद महशर का

(पृष्ठ 321)

ख़ींचें आपस में अँखियाँ मने जूँ कुहले जवाहर,
उश्शाक़ के गर हाथ वो ख़ाके-चरन आवे।
चाहो कि हो[1] 'वली की नैन जग में दूरबीं,
अँखियाँ में सुरमा पीर की ख़ाके-चरन करो।

'करदन' मसदर (धातु) भूतकाल में उत्तम पुरुष के एक वचन में 'कर्द' होना है 'कुनीद' नहीं। पर मालूम होता है कवि ने अनुप्रासनिर्वाह के लोभ में पड़कर 'रसीद' 'तरकीद' आदि क्रियापदों से तुक मिलाने की धुन में 'कुनीद' कर दिया है।

1. इसी तरह के हिन्दी और हिन्दी फ़ारसी मिश्रित शब्दों के बीसियों नमूने 'वली' शाइरी में मौजूद हैं। 'वली' ने 'शकर-बचन' 'नूरे नैन' (नूरचश्म के बजाए), 'जाने-नैन' आदि शब्द भी अपनी भाषा में इस्तेमाल किए हैं।

चाहो कि पी के पग तले अपना वतन करो,
अव्वल अपस कूँ इज्ज़ में नक़शे-चरन करो।
तेरी निगाह की तेग़ सूँ हैं साहबे-संग्राम राम।

(पृष्ठ 146)

इश्क़ तेरे की आग में ख़ुरशीद,
सिर सूँ ले पग तल़क हुआ है अगन।

(पृष्ठ 348)

'सौदा'

आह इस दिल ने तजा नंगो हया को वरना,
क्या क्या बातें हैं तुम्हारी कि हमें याद नहीं।

(पृष्ठ 330)

छुटना ज़रूर मुख पै है ज़ुल्फ़े-सियाह का,
रोशन बग़ैर शाम न हो चेहरा माह का।
दुज़्द और ठगमार रहज़न हुस्न राहे-इश्क़ में,
नक़्द जानोजिन्स दिल के दख़्ल क्या निरबाह का।

(पृष्ठ 249)

न दे दिल आतिशीं रुख़सार पर सौदा तू अब क्योंकर,
वो शोला देखकर मैं हो गया चितभंग आतिश का।

(पृष्ठ 250)

गहे ख़ूने-जिगर गह अश्क गाहे लख़्ते-दिल यारो,
किसूने भी कहीं देखा है य' बिस्तार रोने का।

(पृष्ठ 251)

आ ख़ुदा के वास्ते इस बाँकपन से दरगुज़र,
कल मैं सौदा यूँ कहा दामन गहाकर यार का।

(पृष्ठ 252)

मुख पर य' गोशवारा मोती का जलवागर है,
जैसे क़िरान बाहम हो माह मुश्तरी का।

(पृष्ठ 254)

आने से ज़ौजे-ख़त के न हो दिल कूँ मुख़लिसी,
बँधुआ है ज़ुल्फ़ का य' छुटाया न जाएगा।

(पृष्ठ 256)

पैकाँ जो तन में खटके है सो इलाज उसका,
काँटे का पर बिरह के चारा नहीं ख़लिश का।

(पृष्ठ 257)

तरकश उलेंड सीना आलम का छान मारा,
मिज़गाँ के बान ने तो अर्जुन का बान मारा।

(पृष्ठ 259)

लय ज़िन्दगी में कब मिले इस लय से ऐ कुलाल,
साग़र हमारी खाक़ को मथ करके गिल बना।

(पृष्ठ 264)

ग़िज़ाले-दस्त की हरचन्द हैं अबला-फरेय आँखें,
पर अँखियों का तेरी ऐ यार उनमें छन्द क्योंकर हो।

(पृष्ठ 342)

नागन का इस ज़ुल्फ़ की मुझसे रंग न पूछो क्या हासिल,
ख़्वाह थी काली ख़्वाह थी पीली बिसने अपना काम किया।

(पृष्ठ 374)

मुहब्बत के करूँ भुजबल की मैं तक़रीर क्या यारो,
सितम परबत हो तो उसको उठा लेता हूँ जूँ राई।

(पृष्ठ 378)

दुखदिहन्द और भी हैं, लेक' किसूने कोई,
दिलसामी दरप-ए-आज़ार कहीं देखा है।

(पृष्ठ 388)

जले है शमा' से परवाना और मैं तुझ से,
कहीं है महर भी जग में कहीं वफ़ा भी है।

(पृष्ठ 390)

जिस दिन तेरी गली की तरफ़ टुक पवन बही,
मैं आपको जला के करूँ ख़ाक तो सही।

(पृष्ठ 395)

सौदा वतन को तजकर गरदिश से आस्माँ की,
आवार-ए-ग़रीबी है इतनी मुद्दतों से।

(पृष्ठ 395)

बुलबुले-नालाँ व दर्दे-इश्क कुछ माक़ूल है,
साँस ले सकते नहीं जिनके बिरह की सूल है।

(पृष्ठ 396)

बर्गे-गुल जिस तरह झड़कर बाव से,
पंख पर बुलबुल के आवे चाव से।

सौदा की हिन्दी गजल

निकल के चौखट से घर की प्यारे जो पट की ओझल ठिटक रहा है,
सिमट के घट से तेरे दरस को नयन में जी आ अटक रहा है।
अगन ने तेरे बिरह की जब से झुलस दिया है कलेजा मेरा,
हिये की धड़कन मैं क्या बताऊँ य' कोयला-सा चटक रहा है।
जिन्हों की छाती से पार बर्छी हुई है रन में वो सूरमा हैं,
बड़ा वो सावन्त मन में जिसके बिरह का काँटा खटक रहा है।
मुझे पसीना जो तेरे मुख पर दिखाई दे है तो सोचता हूँ—
य' क्योंकि सूरज की जोत आगे हर एक तारा छटक रहा है।
हिलोरी यों ले न ओस की बूँद लग के फूलों के पंखड़ी से,
तुम्हारे कानों में जिस तरह से हर एक मोती लटक रहा है।
कहीं जो लग चलने साथ देता हो इस तरह का कटर है पापी,
न जानूँ पेड़ी की धौल हूँ मैं जो मुझसे मुल्ला झटक रहा है।
कभू लगा है न आते-जाते जो बैठकर टुक इसे निकालूँ,
सजन! जो काँटा है तुझ गली का सो पग से मेरे भटक रहा है।
कोई जो मुझसे य' पूछता होय क्यों तू रोता है कह तो हमसे,
हर एक आँसू मेरे नयन का जगह जगह सिर पटक रहा है।

गुनी हो कैसा ही ध्यान जिसका तेरे गुनों से लगा है प्यारे,
ग्यान परबत भी है जो उसका तो छोड़ उसको सटक रहा है।
जो बात मिलने की होय उसका पता बता दो मुझे सिरीजन!
तुम्हारी बटियों में आज बरसों से यह बटोही भटक रहा है,
जो मैं ने 'सौदा' से जा के पूछा तुझे कुछ अपने भी मन की सुधबुध,
य' रोके मुझसे कहा किसी की लटक में लट की लटक रहा है।[1]

(पृष्ठ 371)

मीर तक़ी मीर

ओखी[2] *हो गईं सब तदबीरें कुछ न दवा ने काम किया,*
देखा इस बीमारिए दिल ने आख़िर काम तमाम किया।

(पृष्ठ 15)

छाती से एक बार लगाता जो वो तो मीर,
बरसों य' ज़ख़्म सीने का हमको न सालता।

(पृष्ठ 18)

---

1. 'सौदा ने हिन्दी में भी कुछ कविता की है। इनकी पहेलियों की भाषा हिन्दी ही है। मरसियों में उन्होंने कुछ दोहे बनाकर भी खपाए हैं। यद्यपि उनकी संख्या अधिक नहीं है, पर इससे 'सौदा' के हिन्दी ज्ञान का सबूत मिलता है। मरिसयों में आए हुए उनके कुछ दोहे यह हैं:—

   कारी रैन डरावनी घर तें होइ निरास।
   जंगल में जा सो रहे कोऊ आस न पास।।
   बैरी पहुँचे आइकै तेरी देहली पास।
   बेग ख़बर लो या नबी! अब पत की नहिं आस।।
   खीज खीज चहुँ ओर से पड़े वह जालम टूट ।
   बेवों को डरपाय के ले गए घर को लूट।
   कहै हरम सर पीट कर खोकर अपनी लाज।
   माटी में तू रल गयो दीन दुनी के ताज।।
   खोयौ ते नें नीर बिन नबी के मन को चैन।
   जालम तेरे हाथ से प्यासो गयो हुसैनं।। (पृष्ठ 517)

2. ओखी लफ़्ज 'चोखी' की ज़िद है—उसके मुक़ाबिले का लफ़्ज़ है। अब तक बोला जाता है। मीर की कुलियात (नवलकिशोर प्रेस, चौथा एडीशन, 1907) में भी यही पाठ है। इस ठेठ पाठ को बदल कर अब कुछ लोगों ने 'उलट' हो गईं' पाठ बना लिया है।

दुख अब फ़िराक़ का हमसे सहा नहीं जाता;
फिर इस प' ज़ुल्म य' है कुछ कहा नहीं जाता।

(पृष्ठ 29)

रखा कर हाथ दिल पर आह करते,
नहीं रहता चिराग़ ऐसी पवन में।

(पृष्ठ 78)

ख़ाली शिगुफ़्तगी से जराहत नहीं कोई,
हर ज़ख़्म यों है जैसे कली हो विकस रही।

(पृष्ठ 147)

आतिशे-इश्क़ ने रावन को जलाकर मारा,
गरचे लंका सा था उस देव का घर पानी में।

(पृष्ठ 215)

क्यों कर न चुपके चुपके यों जान से गुज़रिए,
कहिए बिथा जो उससे बातों की राह निकले।

(पृष्ठ 253)

क्या लिखूँ बख़्त की बरगश्तगी नालों से मेरे,
नामाबर मुझसे कबूतर भी चपर जाता है।

(पृष्ठ 321)

इस आहु-ए-रमीदा की शोख़ी कहें सो क्या,
दिखलाई दे गया तो छलावा सा छल गया।

(पृष्ठ 330)

ख़ाना आबादी हमें भी दिल की यों है आरज़ू
जैसे जलवे से तेरे घर आरसी का भर गया।

(पृष्ठ 331)

शब इक शोला दिल से हुआ था बुलन्द,
तने-ज़ार मेरा भसम कर गया।

(पृष्ठ 333)

इससे ज़्यादा होता न होगा दुनिया में भी मचलापन,
मौन किए बैठे रहते हो हाल हमारा सुनकर तुम।

(पृष्ठ 349)

दिल की तह की कही नहीं जाती नाज़ुक है इसरार बहुत,
अंछर तो हैं इश्क़ के दो ही लेकिन है इसरार बहुत।

(पृष्ठ 371)

मिलनेवाले फिर मिलिएगा है वह आलमे-दीगर में,
मीर फ़क़ीर को सुख है यानी मस्ती का आलम है अब।

(पृष्ठ 381)

है उसकी हरफ़े-ज़ेर-लबी का सभों में ज़िक्र,
क्या बात थी कि जिसका य' बिस्तार हो गया।

(पृष्ठ 37)

इस ग़ुसीले से क्या किसूकी निभे,
मिहरबानी है कम अताब बहुत।

(पृष्ठ 67)

आजकल बेक़रार हैं हम भी,
बैठ जा चलनेहार हैं हम भी।

(पृष्ठ 126)

कल बारे हम से उससे मुलाक़ात हो गई,
दो दो बचन के होने में इक बात हो गई।

(पृष्ठ 127)

उसके फ़रोगे-हुस्न से झमके है सब में नूर,
शम-ए-हरम हो या कि दिया सोमनात (थ) का।

(पृष्ठ 156)

भरी थी आग तेरे दर्दे-दिल में मीर ऐसी तो,
कि कहते ही सजन के रोबरू क़ासिद का मुँह आया।
है मीर जिगर टुकड़े हुआ दिल की तपिश से,

शायद कि मेरे जीव प' अब आन बनी है।
ग़ाफ़िल में रहा तुझ से निपट ताब जवानी,
ऐ उम्र गुज़िस्ता मैं तेरी क़द्र न जानी।
अचम्भा है अगर चुपका रहूँ मुझ पर अताब आवे,
अगर क़िस्सा कहूँ अपना तो सुनते उसको ख़्वाब आवे।

'इन्शा'

दिल में समा रहा है यूँ दागे-इश्क़ अपने,
जिस तरह कोई भौंरा होवे कँवल में बैठा।

(पृष्ठ 3)

बैठता है जब तुँदीला शेख़ आकर बज़्म में,
एक बड़ा मटका सा रहता है शिकम आगे धरा।

(पृष्ठ 14)

लिपट कर किश्नजी से राधिकाजी यों लगीं कहने,
मिला है चाँद से ए लो! अँधेरे पाख का जोड़ा।
अपना दिले-शिगुफ़्ता तालाब का कँवल था,
अफ़सोस तूने ज़ालिम ऐसे कँवल को तोड़ा।
लेनी है जिनसे दिल तो ज़ालिम तो आज ले चुक,
पड़ जाएगा वगरना फिर कल को इसका तोड़ा।

(पृष्ठ 27)

इंशा य' ग़ज़ल मैंने पढ़ी जिस मकान पर,
वहाँ से भरेभतूले उगे वाह के दरख़्त।

(पृष्ठ 39)

उधर तो गंगा इधर जमना बीच तिरबेनी,
अजब तरह का है तीरथ पराग पानी पर।

(पृष्ठ 61)

कल तुझको देखते ही लजालू की तरह से,
यक बारगी सिमट गई इस अंजमन की बेल।

(पृष्ठ 82)

इंशा य' नौउरूसे-ग़ज़ल हाथ क्या लगी,
गोया कि अब मढ़े चढ़ी अपने सुख़न की बेल।

(पृष्ठ 83)

मिज़गाँ में गुथे हैं क़तराते-अश्क ख़ुशी के,
क्या आज बन्धनवार बँधे हैं व दरे-चश्म।

(पृष्ठ 83)

मस्त जारोबकशी करते हैं यहीं पलकों से,
काबा कब पहुँचे हैं मैख़ाने की सुथराई को।

(पृष्ठ 111)

राधका को चैन क्या आवे कन्हैयाजी बग़ैर,
वाक़ई काफ़ूर उड़ जावे अगर फ़िलफ़िल न हो

(पृष्ठ 116)

चमकते चाँद के हैं गिर्द जिस तरह तारे,
अजब मज़ा है तेरे मुख़ड़े पर पसीने का।

(पृष्ठ 140)

साँवलेपन पर ग़ज़ब है धज बसन्ती शाल की,
जी में है कह बैठिए अब 'जै कन्हैयालाल की'
हैं वो जोगी नेहगिर अवधूत जिनके सामने,
बालका देवे-जनूँ वहशत-परी है बालकी।
क्यों न अंगारे उछाले फिर वो इंशा रात को,
है हमारी आह शागिर्द आगिया-बेताल की।

(पृष्ठ 163)

ऐ अश्के-गर्म कर मेरे दिल का इलाज कुछ,
मशहूर है कि चोट को पानी से धारिए।

(पृष्ठ 170)

य' कारख़ाना देखिए टुक आप ध्यान से,
बस मौन खींच जाइए यहाँ दम न मारिए।

(पृष्ठ 176)

नए धानों की सी खेती की तरह से इन्शा,
डहडही और हरी हूँ तो भला तुझ को क्या।

(पृष्ठ 188)

सैकड़ों आँखें कन्हैया बन के ग़ोता खा गईं,
क्योंकर इन्शा नाफ़ को तेरी न समझे ब्रह्मकुण्ड।

(पृष्ठ 194)

इस पदमनी प' आँखों के भौंरों की भीड़ है,
होगी किसी परी में न इस तनतने की बास।

(पृष्ठ 196)

बाम्हन के लड़के खोल के पोथी बिचार तो,
मुझसी परी भी होगी कोई इन्द्रलोक में।

(पृष्ठ 201)

हिन्दी कविता में फ़ारसी-अरबी शब्द

उर्दू कविता में हिन्दी शब्दों के प्रयोग के नमूने आप देख चुके। अब पुराने हिन्दी महाकवियों के काव्य में भी अरबी फ़ारसी शब्दों के उदाहरण देखिए। उन्होंने किस उदारता और आत्मीयता से विदेशी शब्दों को अपने काव्य में स्थान दिया है। हिन्दी कवियों में कोई भी कवि ऐसा न मिलेगा, जिसकी कविता ऐसे प्रयोगों से अछूती हो; पर हम यहाँ सिर्फ सूर, तुलसी और बिहारी के काव्यों से ही कुछ नमूने चुनकर देते हैं। हमारे कथन की पुष्टि के लिए इतने ही प्रमाण पर्याप्त होंगेः—

सूरदास का एक पद

साँचो सो लिखधार कहावै।
काया ग्राम मसाहत करिकै, जमा बाँधि ठहराबै।।
मनमथ करै कैद अपने में, ज्ञान जहतिया लावै।
माँड़ि माँड़ि खरिहान क्रोध को, पोता भजन भरावै।।
बट्टा काटि कसूर मर्म को, फरद तलै लै डारै।

निश्चय एक असल पै राखै, टरै न कबहूँ टारै।।
करि प्रवारजा प्रेम प्रीति को, असल तहाँ खतियावै।
दूजी करै दूरि करि दाई, नेक न तामें आवै।।
मुलजिम जोरे ध्यान कुल्लका, हरि सौं तहँ लै राखे।
निर्भय रूपै लोभ छाँड़ि कै, सौई बारिज राखै।।
जमा खर्च नीके करि राखै, लेखा समुझि बतावै।
सूर आप गुजरान मुहासिब, लै जवाब पहुँचावै।।

ब्रजभाषा के मर्मज्ञ श्री वियोगी हरि जी ने, हिन्दी-साहित्य-सम्मेलन के लिए सङ्कलित 'संक्षिप्त सूरसागर' में लिखा हैः —

"......सूरदास ने विशुद्ध ब्रजभाषा के साथ-साथ फ़ारसी शब्दों का भी अच्छा प्रयोग किया है।.....कुछ फ़ारसी शब्द नीचे दिए जाते हैं, जिनका प्रयोग सूरसागर में हुआ है।"

मसाहत	नकीब	असल	साबिक जमा	स्याहा
मुसाहिब	सही	जवाब	बरामद	साफ़
गुजरान	क़ैद	वासिलबाकी	लायक	माफ़
मुजमिल	जमा	मुहासबा	दामनगीर	निशान
मुहर्रिर	नौबत	दस्तक	ग़रीब	मुहकम
मुस्तौफ़ी	शोर	फौज	बेहाल	सुलतान
दीवान	निवाज़	इत्यादि।		

श्री सूरदास जी ब्रजभाषा के 'अहले ज़बान' थे। अपने ठेठ तद्भव और तत्सम शब्दों की उनके पास कमी न थी। वह चाहते तो इन विदेशी शब्दों को अपनी कविता की वाटिका के पास न फटकने देते, पर वह तो परम उदार वैष्णव थे, शरणागत अङ्गीकृत का परित्याग कैसे करते?

तुलसीदास

गई बहोरी गरीबनिवाजू। सरल सबल साहिब रघुराजू।।
नाम अनेक गरीबनिबाजे। लोक वेद वर विरद विराजे।।
लोकहू वेद सुसाहिब-रीती। विनय सुनत पहिचानत प्रीती।।
गनी गरीब ग्राम नर नागर। पंडित मूढ़ मलीन उजागर।।

समुझि सहमि मोहि अपडर अपने—

साहब सील निधान।

दूरि फराक रुचिर सो घाटा। फराक = *फ़राख़ चौड़े।*

इत्यादि अनेक शब्द फ़ारसी अरबी के तुलसीदास जी के समय हिन्दी में मिल गए थे। गोस्वामी जी ने ऐसे शब्दों का बहिष्कार नहीं किया, उन्हें अंगीकार कर लिया। ऊपर के शब्दों में सुसाहिब-रीति पर ध्यान देने योग्य है। इसमें अरबी 'साहिब' शब्द के साथ संस्कृत का 'सु' उपसर्ग ही नहीं जोड़ा, 'रीति' के साथ उसका समास भी किया है।

बिहारी की सतसई

लहि जोबन आमिल जौर	लखि लाखन की फौज
बड़ौ इजाफा कीन	कोऊ लाख हजार
किबलनुमा लों दीठ	परी परी सी टूट
उपजी बड़ी बलाइ	ड्योढ़ी लसत निशान
आगे कौन हवाल	ते ती सूमति जोर
नागर नरन सिकार	दीनेहू चसमा चखन
दई दई सु कबूल	दिए लोभ चस्मा चखन
अब मुँह आहि न आह	खेल प्रेम चौगान
कौन गरीबनिवाजिबौ	पर्यो रहों दरबार
ए बदरा बदराह	जरी कोरे गोरे बदन
दिपति ताफ़ता रंग	जो गुनही तो रखिए
राख्यौ हियौ हमाम	जिन आदर तो आब
खूनी फिरे खुस्याल	मनो गुलीबंद लाल की
दरपन के से मोरचे	[1]कहलाने एकत बसत अहि

1. कहलाने 'कहलाना' का बहुवचन और अहि मयूर मृग बाघ का विशेषण है। 'काहिल' शब्द अरबी का है। इसका अर्थ सुस्त या अकर्मण्य है; इसी से काहिली और उससे 'कहलाना' बना है। 'आज़ाद' ने 'आबे-हयात' में लिखा है—'काहिली से कहलाना'। इसके उदाहरण 'मजबूर' का यह शेर इस टिप्पणी के साथ दिया है। देखना किस

	मयूर मृग बाघ
घटत दृग-द्राग	गुल्लाला रँग नैन
लिखत बैठ जाकी सबी	बादि मचावत सोर
गहि गहि गरब गरूर	लखि बेनी के दाग
खरे अदब इठला हटी	सपर[1] परेई संग
कालबूत दूती बिना	बचै न बड़ी सबील हू
नाजुक कमला बाल	फ़तै तिहारे हात
अपनी गरजन बोलियत	मनमथ नेजा नोक सी।
भूषन पायंदाज	

हिन्दी के इस विशुद्धतावाद के युग में भी हिन्दी के महाकवि 'शंकर' ने अपनी रचना में अरबी फ़ारसी शब्दों का प्रयोग किस ख़बसूरती से किया है, सो सुनिएः—

"देखिए इमारतें मज़ार दुनिया के सारे,
रोज़े ने कहो तो शान किसकी न रद की।
हीरा पुखराज मोतियों की दर दूर कर,
'शंकर' के शैल की भी सूरत ज़रद की।।
शौकत दिखाती जमुना के तीर शाहजहाँ
आगरे ने आबरू हरम की गरद की।
धन्य मुमताज़ बेगमों की सरताज,
तेरे नूर की नुमायश है चाँदनी शरद की।।

ख़ूबसूरती से फ़ेलमश्तक को बिठाया है—

बातें देख ज़माने को जो बात से भी कहलाता है,

खातिर से सब यारों की, 'मजबूर' ग़ज़ल कहलाता है।"

बिहारी ने भी इसी अर्थ में इसका प्रयोग किया है। बिहारी के कुछ टीकाकारों ने 'कहलाने' का पदच्छेद करके 'किसलिए' अर्थ किया है; मालूम नहीं उन्होंने यह द्राविड़ी प्राणायाम किसलिए किया है?

1. इसी तरह 'सपर' (सफर) का हाल है। किसी ने पर-सहित और किसी ने सपर निर्वाह अर्थ किया है।

लैला के शुतर का न जरस बजेगा यहाँ,
ख़ाक़ न उड़ेगी कहीं मजनूँ के धन की।
शीरीं कलाम की भी तलख़ी चखोगे नहीं,
टाँकी न पहाड़ पै चलेगी कोहकन की।।
कामकन्दला के नाच गाने की लताफ़त में,
गाँठ न खुलेगी माधवानल के मन की।
कञ्चन की चाट छोड़ कञ्चनी अकिञ्चन को,
'शङ्कर' दिखावेगी लगावट लगन की।।''

'' बाग़ की बहार देखी मौसिमे-बहार में तो,
दिले-अन्दलीब को रिझाया गुलेतर से।
हाय चकराते रहे आसमाँ के चक्कर में,
तो भी तौ लगी ही रही माह की महर से।।
आतिशे-मुसीबत ने दूर की कदूरत को,
बात की न बात मिली लज़्ज़ते-शकर से।
'शङ्कर' नतीजा इस हाल का यही है बस,
सच्ची आशिकी में नफ़ा होता है ज़रर से।।

—पं. नाथूराम शङ्कर शर्मा 'शङ्कर'

शब्दों के प्रयोग में हिन्दी के वर्तमान कवि लेखक बड़ी अतिरिक्त उदारता से काम लेते रहे हैं। भारतेन्दु बाबू श्री हरिश्चन्द्र से लेकर आचार्य महावीरप्रसाद द्विवेदी जी तक हिन्दी के सभी सुधारक और सुलेखक फ़ारसी आदि भाषाओं के शब्दों का व्यवहार अपनी हिन्दी रचना में बराबर करते आ रहे हैं। हिन्दी के विज्ञ पाठकों से यह बात छिपी नहीं है, इसलिए इसके उदाहरण देना यहाँ अनावश्यक है।

उर्दू-ए-मुअल्ला के कुछ कठमुल्ला हिमायतियों की तरह हिन्दी में भी विशुद्धतावादियों का एक सम्प्रदाय है, जो फ़ारसी अरबी शब्दों के प्रयोग पर हिन्दी-भाषा के शील-विनाश की दुहाई देकर 'अब्रह्मणयम्' 'शान्तंपापम्' 'प्रतिहतम मङ्गलम्' की पुकार मचाता रहता है—ऐसे शब्दों के प्रयोग पर प्रतिवाद और आपत्ति करता है, मानो गिरी-नदी के उत्तुङ्ग-

तरङ्ग समृद्धवेग प्रबल प्रवाह को अपनी विरोधरूपी बालुका के बाँध से रोकना चाहता है। परन्तु परम सन्तोष का विषय है कि श्रीमती काशी नागरी-प्रचारिणी सभा के हिन्दी-शब्द-सागर ने इस सम्प्रदाय की प्रकृति के प्रतिकूल प्रयत्न पर पानी फेर दिया है, अर्थात् अरबी फ़ारसी के हज़ारों शब्दों को अपने हिन्दी शब्द-सागर में सम्मिलित करके प्रकारान्तर से इस बात की व्यवस्था दे दी है कि ऐसे शब्दों का प्रयोग हिन्दी में निन्दनीय या निषिद्ध नहीं है क्योंकि हिन्दी भाषा के कोश में ऐसे शब्दों को स्थान मिलने का यही तो अर्थ है कि वे शब्द भी अब हिन्दी ही के हैं। हिन्दी के मन्दिर में अप्रतिहत प्रवेश का इन्हें वैसा ही अधिकार है जैसा हिन्दी के ठेठ तद्भव या विशुद्ध तत्सम शब्दों को है, अन्यथा यह शब्द हिन्दी–शब्द-सागर में, जो हिन्दी भाषा का वृहत्काय कोश है; कैसे स्थान पा सकते थे? (क्योंकि कोशकारों ने या उसके विद्वान् सम्पादक ने उन शब्दों का इस प्रकार आत्मसात् कर लेने के कारणान्तर का कहीं निदेश नहीं किया है।)

हिन्दी शब्दसागर से कुछ ऐसे शब्द यहाँ उद्धृत करते हैं, जो उस बड़े सागर के कतिपय बिन्दुओं के समान है। यह समस्त शब्द सागर ऐसे ही शब्द-बिन्दुओं से भरा पड़ा है। 'फरहंगे-आसफ़िया' में 7584 अरबी के और 6041 फ़ारसी के उन शब्दों की तालिका दी है, जो उर्दू शब्दों में शामिल हो गए हैं। हम समझते है, फरहंग के इन शब्दों में से शायद ही कोई शब्द बचने पाया होगा, जो हिन्दी शब्दसागर के विशाल कलेवर में न समा गया हो। हिन्दीवाले अपनी मातृभाषा हिन्दी के शब्द-भण्डार की इस आशातीत वृद्धि और पूर्ति पर समुचित गर्व कर सकते हैं। इस शुभ और प्रशंसनीय प्रयत्न के लिए हिन्दी शब्दसागर के विधातृगण हिन्दी-प्रेमियों के हार्दिक धन्यवाद, बधाई और प्रशंसा के पात्र हैं।

शब्द-तालिका

असालत	आरज़ा
असालतन्	आज़ार
असर	आजिज़

असासुल्‌बैत
असासा
असा
आवेज़ा
आवारागर्द
आवाज़
आलीजाह
आलीशान
आरास्ता
आराइश
आराज़ी
आरज़ू
आरज़ूमन्द
आक़बत
आसान
आसाइश
आसमान
इंतक़ाल
इंतज़ाम
इंतज़ार
इन्तहा
इस्तेमाल
इस्तेदाद

आयद
आमोख़्ता
आमेज़िश
आमालनामा
आफ़त
आफ़ताब
आजुदंगी
आज़ुर्दा
आज़मूदा
अहद
अहदनामा
आसूदा
आसूदगी
इजारा
इकरान
इक़रार
इज़ाला हैसियत उर्फ़ी
इज़्ज़त
इज़्ज़तदार
इतमाम
इतमीनान
इतलाक़
इद्‌दत

इख़फ़ाय वारदात	इताअत
इख़राज	इत्तफ़ाक़
इख़लास	इत्तफ़ाक़न्
इख़्तियार	इत्तफ़ाक़िया
इख़्तिलाफ़	इत्तिहाम
इजमाल	इनफ़िकाक
इजमाली	इन्सान
इजराय	इन्सानियत
इजलास	इनाम
इज़हार	इनायत
इजाज़त	ईज़ा
इज़ाफ़ा	दरख़्त
इज़ार	दरकिनार
इज़ारबंद	दरख़ास्त
इज़ारदार	दरगाह
	दरगुज़र

सितारे हिन्द और भारतेन्दु

वर्तमान हिन्दी गद्य के सुधारकों में राजा शिवप्रसाद सितारे हिन्द और भारतेन्दु बाबू हरिचश्न्द्र अगुआ थे। हिन्दी को हिन्दुस्तानी का रूप देने की कोशिश राजा साहब ही ने की थी। पहले राजा साहब और भारतेन्दु दोनों एक ही ढँग की भाषा लिखते थे, फिर दोनों की प्रणाली में भेद हो गया। राजा साहब बोलचाल की ओर झुके और झुकते-झुकते उर्दू के रंग में आ गए, अ़रबी-फारसी के शब्दों का प्रयोग अधिकता से करने लगे। इससे दोनों में मतभेद हो गया, जिसने आगे चलकर विरोध का रूप धारण कर लिया। राजा साहब ने ऐसा क्यों किया, इसका भेद फ्रेडरिक

पिकांट साहब के उस पत्र से मालूम हो सकता है जो उन्होंने भारतेन्दु हरिश्चन्द्र जी को, उनके किसी पत्र के उत्तर में लिखा था। उस पत्र का कुछ अंश यहाँ उद्धृत करना उचित होगाः—

1 जनवरी, 1884

"प्रिया बन्धो

आपसे एक पत्र मिलना मुझे परम सुख है।.......राजा शिव प्रसाद बड़ा चतुर है। बीस बरस हुए उसने सोचा कि अँगरेज़ी साहबों को कैसी-कैसी बातें अच्छी लगती हैं। उन सब बातों का प्रचलित करना चतुर लोगों का परम धर्म है। इसलिए बड़े चाव से उसने काव्य को और अपनी हिन्दी भाषा को भी बिना लाज छोड़कर उर्दू के प्रचलित करने में बहुत उद्योग किया। उसके उपरान्त उसने देखा कि हिन्दी भाषा साल दर साल पूज्यतर होती जाती थी तब उसने उर्दू और हिन्दी के परस्पर मिलाने का उद्योग किया। बहुतेरे अँगरेज़ लोग जानते हैं कि उन दो भाषाओं का मिश्रित होना सब से श्रेष्ठ-बात होगी क्योंकि वैसी संयुक्ता से सारे हिन्दुस्तान के लिए एक ही भाषा निकलेगी। मेरी समझ में वैसा बोध मूर्खता की बात है। तो भी इसमें राजा शिवप्रसाद की मति ठीक है कि इन दिनों गद्य रचना काव्य-रचना से उत्तम है क्योंकि गद्य रचना से कृषि शिल्प-कर्म व्यापार सेतु बनाना घर बनाना धातु भूमि से निकालना इत्यादि काम का बोध हो सके। इसके स्थान पर काव्य रचना से केवल कल्पनाशक्ति की उत्कृष्टता हो सके। अँग्रेज़ी लोग करने पर अपने हृदय लगाते हैं। इससे यदि आप काव्य को छोड़कर किसी क्रिया सम्बन्धी प्रसंग में लगें, सरल हिन्दी गद्य रचना पर अपना मन लगावें तो शिवप्रसाद के पद से आप आगे बढ़ेंगे। इन बातों पर भली-भाँति सोचिएगा।.....

आपका परम मित्र
फ्रेडरिक पिकांट"

बाबू हरिश्चन्द्र विशुद्ध हिन्दी लिखनेवाले में आदर्श माने गए हैं।[1] फिर भी उन्होंने हिन्दी में प्रचलित अरबी फ़ारसी शब्दों का बायकाट नहीं किया। वह अपने लेखों में ऐसे शब्दों का ही प्रयोग नहीं करते थे, उर्दू के पद्य भी उद्धृत कर देते थे। भारतेन्दु उर्दू के भी बहुत अच्छे कवि थे। 'रसा' तखल्लुस था। उनका एक शेर हैः—

"तौसने-उम्रे-रवाँ यक दम नहीं रूकता 'रसा',
हर नफ़स गोया इसे इक ताज़ियाना हो गया।"

वह हिन्दी में उर्दू का गद्य भी लिखते थे। इसका नमूना 'ख़ुशी' पर वह लेख है, जिसका कुछ अंश आगे उद्धृत हैः—

'ख़ुशी'—"हस्य दिलख़्वाह आसूदगी को 'ख़ुशी' कह सकते हैं याने जो हमारे दिल की ख़्वाहिश हो, वह कोशिश करने से या इत्तिफ़ाक़िया बग़ैर कोशिश किए बर आवे तो हमको ख़ुशी हासिल होती है। ख़ुशी ज़िन्दगी के फल को कहते हैं, अगर ख़ुशी नहीं है तो ज़िन्दगी हराम है। क्योंकि जहाँ तक ख़याल किया जाता है मालूम होता है कि इस दुनिया में भी तमाम ज़िन्दगी का नतीजा ख़ुशी है।

इसी ख़ुशी के हम तीन दर्जे क़ायम कर सकते हैं याने आराम, ख़ुशी और लुत्फ़; आराम वह हालत है जिसमें तकलीफ़ का एक हिस्सा या बिलकुल तकलीफ़ रफ़अ हो जावे। ख़ुशी वह हालत है जिसमें आराम का हिस्सा तकलीफ़ की मिक़दार से ज़्यादाः हो जाए। और लुत्फ़ वह हालत है जिसमें तकलीफ़ का नाम भी न बाक़ी रहे।

ख़ुशी तीन किस्मों में बँटी है याने दीनी ख़ुशी, दुनियावी ख़ुशी और ग़लत ख़ुशी।

दीनी ख़ुशी अपने-अपने मज़हब के उक़दे (अक़ीदे) मुताबिक कुछ-कुछ अलग है, मगर नतीजा सब का एक ही है याने इतात दुनियावी से

---

1. अपने 20 मार्च सन 1883 ई. के पत्र में पिकांट साहब भारतेन्दु जी की भाषा की सुबोधता के सम्बन्ध में लिखते हैंः—

"अंगरेज़ी विद्यार्थियों की समझ में निपट खेद की बात है कि हिन्दू ग्रन्थकर्ता अपने ग्रन्थों के बनाने में ऐसी समान्य हिन्दी बातें काम में नहीं लाते जैसे कि वे अपने ही घरों में दिन-दिन बोला करते हैं। इसके स्थान बहुतेरे ग्रन्थकर्ता इतना कुछ संस्कृत हिन्दी से मिला करते हैं कि हिन्दी का प्रायः संस्कृत ही हो जाता। मैं अत्यन्त सुख से देखता हूँ कि आपके ग्रन्थों पर वैसा दोष लगाना असम्भव है।"

छूट कर हमेशाः के वास्ते परमेश्वर की क़ुर्बत मयस्सर होनी ही अस्ली ख़ुशी है। हम लोगों में परमेश्वर का नाम सत् चित् आनन्द है और लोगों के अनेक अक़ीदे के मुताबिक परमेश्वर का नाम रूप सब बिल्कुल लतीफ़ है। इसी से उसकी याद में लुत्फ़ हासिल होता है। उपनिषद् में एक जगह सब की ख़ुशी का मुक़ाबिला किया है। वह लिखते हैं कि ख़ुशी ज़िन्दगी का एक जुज़े आज़म है और दुनिया में जितने मख़लूक़ात हैं सब ख़ुशी ही के वास्ते मख़लूक हैं। इसी सब ख़िलकत में जानदारों की बनावट और लियाक़त के मुताबिक ख़ुशी बँटी हुई है। कीड़ा सिर्फ़ इस बात में ख़ुश होता है कि एक पत्ते पर से दूसरे पत्ते पर जाए। चिड़ियों की ख़ुशी का दर्जा इससे कुछ बड़ा है याने इधर-उधर परवाज़ करना बोलना वगैरः। इसी तरह अख़ीर में आदमी की ख़ुशी बनिस्बत और जानवरों के बहुत बढ़ी चढ़ी है। आदमियों में भी बनिस्बत बेवकूफ़ों के समझदारों की ख़ुशी का दर्जा ऊँचा है। आदमियों की ख़ुशी से देवताओं की खुशी बहुत ज़्यादः है। इस लम्बी चौड़ी तक़रीर का ख़ुलासा उन्होंने यह निकाला है कि सबसे ज़्यादः और लतीफ़ परमेश्वर है। उसमें कितना लुत्फ़ और ख़ुशी है जो हम लोग नहीं जान सकते। इसी से अगर हम लोगों को ख़ुशी और लुत्फ़ की तलाश है तो हम लोगों को उसी का भजन करना चाहिए।

× × ×

अक्सर मौत शदीद के वक्त लोग ख़ुश पाए गए हैं। इसका सबब यह है कि जब आदमी की हालत बिलकुल नाउमैदी को पहुँच जाती है तो उस तक़लीफ़ का ख़ौफ़ बाक़ी नहीं रहता, मसलन् जब तक आदमी को ज़ीस्त की उमैद है, उसको मौत का ख़ौफ़ रहेगा मगर जिस वक्त कि ज़ीस्त की उमैद बिलकुल मुनक़तअ् हो गई फिर उसको किस बात का ख़ौफ़ रहा। यही सबब है कि हिन्दू शास्त्रकारों ने ख़ौफ़ और रंज की असली हालत को भी एक रस माना है और ज़ाहिर है कि ट्राजिडी यानी ऐसे तमाशे जिनका आख़िर हिस्सा बिलकुल रंज से भरा हो देखने में एक अजीब क़िस्म का लुत्फ़ देती है बल्कि ट्राजिडी में जैसे उम्दा किताबें लिखी गई हैं वैसे कामेडी में नहीं। जिस तरह रंज की आख़री हालत ख़ुशी में बदल जाती है उसी तरह ख़ुशी की भी आख़री हालत रंज से बदल जाती है और इसी से ज़्यादा ख़ुशी के वक्त लोग शिद्दत से रोते

हुए पाए गए हैं। ख़ुलासा कलाम यह कि इस क़िस्म की बहुत सी ख़ुशियाँ दुनियाँ में हैं जिनको हम ख़ालिस ख़ुशी नहीं कह सकते।''

—भारतेन्दु हरिश्चन्द्र की 'ख़ुशी'

भारतेन्दु का यह उर्दू गद्य राजा शिवप्रसाद के हिन्दुस्तानी के उस गद्य से, जो उन्होंने 'इतिहास तिमिरनाशक' में बरता है, (जिसका नमूना आगे उद्धृत किया जाएगा) कहीं कठिन है। 'ख़ुशी' की इबारत अच्छी ख़ासी उर्दू है, इसे नागराक्षरों में लिखा हुआ हिन्दी के उर्दू भेद का नमूना कह सकते हैं। इससे यह भी मालूम होता है भारतेन्दु हिन्दी के उन्नायक और विशुद्धता के समर्थक होते हुए भी उर्दू शैली में लिखा हुआ समझते थे। ज़रूरत पड़ने पर उस रंग में भी लिखते थे और इसे हिन्दी-हित के विरुद्ध नहीं समझते थे। जैसा कि आजकल बहुत से विशुद्धतावादी हिन्दी लेखक हिन्दी में अरबी फ़ारसी शब्दों का प्रयोग देखकर उसे हिन्दी की शैली और शील के विरुद्ध समझते हैं।

राजा शिवप्रसाद सितारेहिन्द कई तरह की भाषा लिखते थे—उन्होंने अपने गुटके में ठेठ हिन्दी, मानव धर्मसार में शुद्ध हिन्दी तथा छोटे भूगोल हस्तामलक में खिचड़ी हिन्दी (यानी हिन्दुस्तानी) और इतिहास तिमिरनाशक में उर्दू लिखी है। उनकी अन्तिम भाषा (हिन्दुस्तानी) का नमूनाः—

''क्या ऐसे भी आदमी हैं जो अपने बाप दादा और पुरखाओं का हाल सुनना न चाहें, और उनके ज़माने में लोगों का चालचलन बेवहार बनज बेवपार और राज दर्बार किस ढब बर्त्ता जाता था और देश की क्या दशा थी कब-कब किस-किस तरह कौन-कौन से राजा बादशाहों के हाथ आए किस किसने कैसा-कैसा इन पर ज़ोर जुल्म जताया और कौन-कौन से ज़माने के फेरफार कहाँ-कहाँ इन्हें झेलने पड़े कि जिनसे ये कुछ के कुछ बन गए इन सब बातों के जानने की ख़ाहिश न करें। बाप दादा और पुरखा तो क्या हम इतिहास में उस वक्त से लेकर जिससे आगे किसी को कुछ मालूम नहीं आज तक अपने देश का हाल लिखने का मंसूबा रखते हैं ज़रा दिल दो। और कान धरकर सुनो।

जानना चाहिए कि हिन्दुस्तान में सदा से हिन्दू का राज सूर्यवंशी और चन्द्रवंशी घरानों में चला आता है। पहला सूर्यवंशी राजा वैवस्वत मनु का बेटा इक्ष्वाकु था। राजधानी उसकी अयोध्या। उससे पचपन पीढ़ी

पीछे उस वंश के सिरताज रामचन्द्र हुए। बाप का हुक्म मान चौदह बरस बन में रहे। इक्ष्वाकु की बेटी इलाचन्द्र के बेटे बुध को ब्याही थी। इसी का बेटा पुरूरवा प्रयाग के साम्हने प्रतिष्ठानपुर में जिसे अब झूँसी कहते हैं पहला चन्द्रवंश राजा हुआ। महाभारत यानी कुरुक्षेत्र की भारी लड़ाई में अपने चचेरे भाई हस्तिनापुर के राजा दुर्योधन को मारने पर जब महाराज युधिष्ठिर जो पुराणों के मत बमूजिब पुरूरवा से पैंतालिसवीं पीढ़ी में पैदा हुए थे अपने भाइयों के साथ इन्द्रप्रस्थ यानी दिल्ली का राज छोड़कर हिमालय को चले गए। उनके भाई अर्जुन का पोता परीक्षित गद्दी पर बैठा और परीक्षित से लेकर छब्बीस पीढ़ी तक उसी के घराने में राज रहा।''[1]

राजा साहब का हिन्दी की लिखावट या शैली के सम्बन्ध में क्या मत था, यह उनके इस कथन से जाना जा सकता है:—

''हम लोगों को जहाँ तक बन पड़े चुनने में उन शब्दों को लेना चाहिए कि जो आम-फ़हम व ख़ास-पसन्द हों, अर्थात् जिसको ज़्यादा आदमी समझ सकते हैं और जो यहाँ के पढ़े-लिखे आलिम फ़ाज़िल पण्डित, विद्वान् की बोलचाल में छोड़े नहीं गए हैं; और जहाँ तक बन पड़े हम लोगों को हरगिज़ ग़ैर मुल्क के शब्द काम में लाने चाहिएँ और न संस्कृत की टकसाल क़ाइम करके नए-नए ऊपरी शब्दों के सिक्के जारी करने चाहिएँ। जब तक कि हम लोगों को उसके जारी करने की ज़रूरत न साबित हो जाए अर्थात् यह कि उस अर्थ का कोई शब्द हमारी ज़बान में नहीं है, या जो है अच्छा नहीं है, या कविताई की ज़रूरत, या इल्मी ज़रूरत, या कोई और ख़ास ज़रूरत साबित हो जाए।''

× × ×

''एक प्रसंग में बाबू हरिश्चन्द्र जी ने राजा साहब से प्रश्न किया कि 'आप किस प्रणाली की भाषा पसन्द करते हैं?' राजा साहब ने छूटते ही कहा—'जो सरल सब के समझने योग्य हो।' फिर भारतेन्दु जी ने पूछा 'आप मेरी प्रणाली को कैसी समझते हैं?' राजा साहब बोले —'उत्तम'। यदि मैं भी नाटक लिखने बैठूँगा तो इसी प्रणाली का अनुसरण करूँगा, क्योंकि विषय के भेद से भाषा के लेखन-प्रणाली का भेद है। किन्तु आप का कटाक्ष हमारे अरबी फ़ारसी के शब्दों के प्रयोग पर है; अस्तु, पर

---

1. इतिहास तिमिरनाशक, पहला हिस्सा, पृष्ठ 1, 2

आप भी सर्वांश में नहीं तो किसी अंश में इस दोष से अवश्य दूषित हैं।' फिर और और प्रसंग चल पड़े और जब राजा साहब विदा हुए तो उनके पीछे भारतेन्दु जी ने उसी मण्डली के सम्मुख मुक्तकण्ठ से राजा साहब की प्रशंसा करके कहा कि 'चाहे इस विषय में औरों ने कुछ भी सोचा हो, परन्तु वास्तव में राज़ा शिवप्रसाद हिन्दी के स्तम्भस्वरूप हैं।''[1]

राजा शिवप्रसाद और भारतेन्दु जी के इस संवाद से यह नतीजा निकलता है कि राजा साहब यद्यपि अपनी भाषा में अरबी फ़ारसी शब्दों का प्रयोग बेखटके करते थे, फिर भी हरिश्चन्द्र जी ने उन्हें भाषा का शील बिगाड़नेवाला नहीं प्रत्युत हिन्दी स्तम्भस्वरूप कहकर उनके प्रति आदर ही प्रकट किया है, और इस प्रकार भाषा के सम्बन्ध में अपनी उदारता और समन्वयवादिता का परिचय दिया है। दो भिन्न शैलियों के प्रचारक और समर्थक होते हुए भी यह दोनों महानुभाव हिन्दी भाषा के स्तम्भस्वरूप थे।

हिन्दुस्तानी कविता

आम बोलचाल या सर्वसाधारण की भाषा कैसी होनी चाहिए, हिन्दुस्तानी ऐकेडमी जिस तरह की भाषा का प्रचार करना चाहती है, उसका नमूना 'ज़फ़र', 'नज़ीर,' और 'हाली' की निम्नोक्त कविताओं में मिलता है। यह तीनों महाकवि अरबी के विद्वान थे, कठिन और दुर्बोध भाषा में कविता करना उनके लिए कुछ भी कठिन न था, फिर भी उन्होंने कैसी सरल, सरस और सुघड़ भाषा में यह कविताएँ लिखी हैं। जो लोग दुर्बोध भाषा और शैली के साँचे में कविता को ढालकर उसे जटिल पहेली बना रहे हैं, वह 'ज़फ़र' की इस पहेली से शिक्षा ग्रहण करें। 'नज़ीर' की कविता, जैसा कि हम पीछे कह आए हैं, भाषा और भाव दोनों दृष्टियों से ख़ालिस हिन्दुस्तानी कही जा सकती है। 'हाली' उर्दू शाइरी को नया रूप देनेवाले क्रान्तिकारी कवि हैं और मौलाना अब्दुलहक़ के कथनानुसार ''हाली'' का कलाम उर्दू में क्लासिकल दर्जा रखता है। वह एक ऐसी तारीख़ी चीज़ पैदा हो गई है, जो हमेशा ज़िन्दा रहनेवाली है। असल शय (वस्तु) जो दूसरी जगह ढूँढ़ने से नहीं मिलती, वह दर्द है, जो उनके (हाली के) कलाम में पाया जाता है। मौलाना (हाली) जब क़ौमों के अरूज व ज़वाल (उत्थान-पतन) और मुसीबतज़दों

1. 'सरस्वती' भाग 1, संख्या 4, अप्रैल, सन् 1900 ई.।

(आपद्ग्रस्तों) की विपदा बयान करने पर आते हैं, तो दुनिया का कोई शाइर उनका मुक़ाबिला नहीं कर सकता।......इस ज़माने में मौलवी 'हाली' एक ऐसे शाइर हुए हैं, जिन्होंने उर्दू में हिन्दी की चाशनी देकर कलाम में शीरीनी (मधुरता) पैदा कर दी है।''

मौलाना अब्दुलहक़ साहब की सम्मति की सच्चाई 'हाली' की बरखा रूत' और 'मनाजाते ब्रेवा' के आगे प्रकाशित, कतिपय पदों से साबित होती है।—

सुनरी सहेली मोरी पहेली,
बाबल-घर में रही अलबेली।
माता-पिता ने लाड़ से पाला,
समझा मुझे सब घर का उजाला,
एक बहन थी एक बहनेली।।1।।
यों ही बहुत दिन गुड़िया मैं खेली,
कभी अकेली कभी दुकेली।
जिससे कहा चल तमाशा दिखा ला,
उसने उठाकर गोद में ले ली।।2।।
कुछ-कुछ मोहि समझ जो आई,
एक जा ठहरी मोरी सगाई।
आवन लागे बाम्हन नाई,
कोई ले रूपय्या कोई ले धेली।।3।।
ब्याह का मोरे समाँ जब आया,
तेल चढ़ाया मँढ़ा छवाया।
सालू सूहा सभी पिन्हाया,
महदी से रँग दिए हाथ-हथेली।।4।।
सासरे के लोग आए जो मेरे,
ढोल दमामें बजे घनेरे।
सुभ घड़ी सुभ दिन हुए जो फ़ेर,
सैयाँ ने मोहे साथ में ले ली।।5।।

आए बराती सब रस रँग के,
लोग कुटम के सब हँस-हँस के।
जावत थे सब घर से निकले,
और के घर में जाए धकेली।।6।।
लेके चले पी साथ जब अपने,
रोवन लागे फिर सब अपने।
कहा कि तू नहिं बस की अपने,
जा बच्ची! तेरा दाता है बेली।।7।।
सखी! पिया के साथ गई मैं,
ऐसी गई फिर वहीं रही मैं।
किससे कहूँ दुख हाय दई! मैं,
सय्याँ ने मोरी बाँह गहेली।।8।।
सास जो चाहे सोई सुनावे,
ननद भी बैठी बात बनावे।
क्या करूँ कुछ बन नहिं आवे,
जैसी पढ़ी मैं वैसी ही झेली।।9।।
जिया बियाकुल रोवत अँखियाँ,
कहाँ गँई सब संग की सखियाँ।
शौक़ रँग गुड़ियाँ ताक पै रखियाँ,
न वो घर है ना वो हवेली।।10।।

(ज़फ़र)

यह दर्दभरी पहेली देहली के आख़िरी बादशाह बहादुर शाह 'जफ़र' की कही हुई है। विवाह में लड़की के रुख़सत होते वक्त गाई जाती है। इसमें बड़ी सादगी और सफ़ाई से, सरल और सुन्दर भाषा में, एक ख़ास हालत का बयान किया है। नक़शा सा खींच दिया है।-

इससे उस वक़्त की बोलचाल और रस्मोरिवाज का भी पता चलता है।

नज़ीर की कविता और भाषा का नमूना

बंजारा नामा

टुक हिरसोहवा को छोड़ मियाँ मत देस बिदेस फिरे मारा,
क़ज़्ज़ाक़ अजल का लूटे है दिन रात बजाकर नक्क़ारा।
क्या बधिया भैंसा बैल शुतर क्या गौनें पल्ला सिरभारा,
क्या गेहूँ चाँवल मोठ मटर क्या आग धुँआँ क्या अँगारा।
सब ठाठ पड़ा रह जावेगा जब लाद चलेगा बंजारा।।

× × ×

जब चलते चलते रस्ते में ये गौन तेरी ढल जावेगी,
इक बधिया तेरी मिट्टी पर फिर घास न चरने पावेगी।
ये खेप जो तू ने लादी है सब हिस्सों में बट जावेगी,
धी पूत जँवाई बेटा क्या बंजारिन पास न आवेगी।
सब ठाठ पड़ा रह जावेगा जब लाद चलेगा बंजारा।।

× × ×

जब मर्ग फिरा कर चाबुक को ये बैल बदन का हाँकेगा,
कोई नाज समेटेगा तेरा कोई गौन सिये और टाँकेगा।
हो ढेर अकेला जंगल में तू ख़ाक लहद की फाँकेगा,
इस जंगल में फिर आह 'नज़ीर' इक भुनगा आन न झाँकेगा।
सब ठाठ पड़ा रह जावेगा जब लाद चलेगा बंजारा।।

आदमी नामा

'दुनिया में बादशा है सो है वो भी आदमी,
और मुफ़लिसो गदा है सो है वो भी आदमी,
ज़रदार बेनवा है सो है वो भी आदमी,
नेमत जो खा रहा है सो है वो भी आदमी;
टुकड़े जो माँगता है सो है वो भी आदमी।

फ़क़ीरों की सदा

बटमार अजल का आ पहुँचा टुक इसको देख डरो बाबा,
अब अश्क बहाओ आँखों से और आहें सर्द भरो बाबा।

दिल हाथ उठा इस जीने से बेबस मन मार मरो बाबा,
जब बाप की ख़ातिर रोते थे अब अपनी ख़ातिर रो बाबा।
तन सूखा कुबड़ी पीठ हुई घोड़े पै ज़ीन धरो बाबा,
अब मौत नक़ारा बाज चुका चलने की फ़िक्र करो बाबा।

× × ×

सर काँपा चाँदी बाल हुए मुँह फैला पलकें आन झुकीं,
क़द टेढ़ा कान हुए बहरे और आँखें भी चुँधियाय गईं।
सुख नींद गई और भूक घटी दिल सुस्त हुआ आवाज़ नहीं,
जो होनी थी सो हो गुज़री अब चलने में कुछ देर नहीं।
तन सूखा कुबड़ी पीठ हुई घोड़े पर ज़ीन धरो बाबा,
अब मौत नक़ारा बाज चुका चलने की फ़िक्र करो बाबा।

घर बार रुपए और पैसे में मत दिल को तुम ख़ुरसन्द करो,
या गोर बनाओ जंगल में या जमना पर आनन्द करो।
मौत आन लताड़ेगी आख़िर कुछ मकर करो कुछ फन्द करो,
बस ख़ूब तमाशा देख चुके अब आँखें अपनी बन्द करो।
तन सूखा कुबड़ी पीठ हुई घोड़े पर ज़ीन धरो बाबा,
अब मौत नक़ारा बाज चुका चलने की फ़िक्र करो बाबा।

कलजुग

दुनिया अजब बाज़ार है कुछ जिंस याँ की सात (थ) ले,
नेकी का बदला नेक है बद से बदी की बात ले।
मेवा लिखा मेवा मिले फलफूल दे फल पात ले,
आराम दे आराम ले दुख दर्द दे आफ़ात ले।
कलजुग नहीं करजुग है ये याँ दिन को दे और रात ले,
क्या ख़ूब सौदा नक़्द है इस हाथ दे उस हाथ ले।

× × ×

काँटा किसी के मत लगा गर मिस्ले-गुल फूला है तू,
वो तेरे हक़ में ज़ह्र है किस बात पर फूला है तू।
मत आग में डाल और को फिर घाँस का फूला है तू,
सुन रख ये नुकता बेख़बर किस बात पर फूला है तू।

कलजुग नहीं करजुग है ये याँ दिन को दे और रात ले,
क्या ख़ूब सौदा नक़्द है इस हाथ दे उस हाथ ले।

× × ×

शोख़ी शरारत मक्रोफ़न सबका बिसेखा है यहाँ,
जो जो दिखाया और को वो आप देखा है यहाँ।
खोटी खरी जो कुछ कि है जिसका परेखा है यहाँ,
जौ जौ पड़ा तुलता है दिल तिल-तिल का लेखा है यहाँ।
कलजुग नहीं करजुग है ये याँ दिन को दे और रात ले,
क्या ख़ूब सौदा नक़्द है इस हाथ दे उस हाथ ले।"

नानकशाह गुरू

हैं कहते नानकशाह जिन्हें वो पूरे हैं आगाह गुरू,
वो कामिल रहबर हैं जग में यों रोशन जैसे माह गुरू।
मक़सूद, मुराद, उमीद सभी बरलाते हैं दिलख़्वाह गुरू,
नित लुत्फ़ो करम से करते हैं हम लोगों का निरबाह गुरू।
इस बख़शिश के इस अज़मत के हैं बाबा नानकशाह गुरू,
सब सीस नवा अरदास करो और हरदम बोलो वाह गुरू।

बाँसरी

जब मुरलीधर ने मुरली को अपनी अधर धरी,
क्या क्या परेम मीत भरी इसमें धुन भरी।
लय इसमें राधे-राधे की हरदम भरी खरी,
लहराई धुन जो उसकी इधर और उधर ज़री।
सब सुनने वाले कह उठे जै जै हरी हरी,
ऐसी बजाई किशन् कन्हय्या ने बाँसरी।

× × ×

जिस आन कान्हजी को वो बन्सी बजावनी,
जिस कान में वो आवनी वाँ सुध भुलावनी।

हर मन की होके मोहनी और चित लुभावनी,
निकली जहाँ धुन उसकी वह मीठी लुभावनी।
सब सुननेवाले कह उठे जै जै हरी हरी,
ऐसी बजाई किशन् कन्हय्या ने बाँसरी।

× × ×

मोहन की बाँसरी के मैं क्या क्या कहूँ जतन,
लय इसकी मन की मोहिनी धुन इसकी चितहरन।
इसी बाँसरी का आन के जिस जा हुआ बचन,
क्या जल पवन 'नज़ीर' पखेरू व क्या हिरन।
सब सुननेवाले कह उठे जै जै हरी हरी,
ऐसी बजाई किशन् कन्हय्या ने बाँसरी।

बरखा रुत

वो सारे बरस की जान बरसात,
वो कौन ख़ुदा की शान बरसात।

× × ×

भूबल से सिवा था रेगे-सहरा,
और खौल रहा था आबे-दरिया।
थी लूट सी पड़ रही चमन में,
और आग सी लग रही थी बन में।

× × ×

थीं लोमड़ियाँ ज़बाँ निकाले,
और लू से हिरन हुए थे काले।
चीतों को न थी शिकार की सुध,
हिरनों को न थी कतार की सुध।

× × ×

ढोरों का हुआ था हाल पतला,
बैलों ने दिया था डाल कन्धा।
भैंसों के लहू न था बदन में,
और दूध न था गऊ के थन में।

× × ×

गरमी का लगा हुआ था भपका,
और अंश निकल रहा था सबका।
× × ×
थी आग का दे रही हवा काम,
था आग का नाम मुफ़्त बदनाम।
रस्तों में सवार और पैदल,
सब धूप के हाथ से थे बेकल।
घोड़ों के न आगे उठते थे पाँव,
मिलती थी कहीं जो रूख की छाँव।
× × ×
कुँजड़ों की वो बोलियाँ सुहानी,
भर आता था सुनके मुँह में पानी।
× × ×
बिना खाए कई कई दिन अक्सर,
रहते थे फ़क़त ठंडाइयों पर।
शब कटती थी एड़ियाँ रगड़ते,
भर पीट के सुबह थे पकड़ते।
बच्चों का हुआ था हाल बेहाल,
कुम्हलाए हुए थे फूल से गाल।
आँखों में था उनका प्यास से दम,
थे पानी को देख करते मम् मम्।
× × ×
कल शाम तलक तो थे यही तौर,
पर रात है समाँ ही कुछ और।
पुरवा की दुहाई फिर रही है,
पछवा से ख़ुदाई फिर रही है।
बरसात का बज रहा है डंका
इक शोर है आसमाँ प' बरपा।
× × ×

है अब्र की फ़ौज आगे आगे,
और पीछे हैं दल के दल हवा के।
हैं रंगबिरंग के रिसाले,
गोरे हैं कहीं कहीं हैं काले।

× × ×

मेंह का है ज़मीन हर दड़ेड़ा,
गरमी का डुबो दिया है बेड़ा।
घनघोर घटाएँ छा रही हैं,
जन्नत ही हवाएँ आ रही हैं।

× × ×

बटिया है न है सड़क नमूदार,
अटकल से हैं राह चलते रहवार।

× × ×

पानी से भरा हुआ है जलथल,
है गूँज रहा तमाम जंगल।
करते हैं पपीहे पीहू पीहू,
और मोर झंगारते हैं हर सू।
मेढक हैं जो बोलने प' आते,
संसार को सर प' हैं उठाते।

× × ×

मन्दिर में है हर कोई य' कहता,
किरपा हुई तेरी मेघराजा।
करते हैं गुरू गुरू गिरन्थी,
गाते हैं भजन कबीरपन्थी।
जाता है कोई मलार गाता,
है देस में कोई गुनगुनाता।
सरवन कोई गा रहा है बैठा,
छोड़ा है किसी ने हीर रांझा।
रक्षक जो बड़े हैं जैन मत के,
ढकने हैं दियों प' ढकते फिरते।

करते हैं वो यूँ जिवों की रक्षा,
ता जल न बुझे कोई पतंगा।

मुनाजाते बेवा से कुछ नमूना

सबसे अनोखे सबसे निराले,
आँख से ओझल दिल के उजाले।
ऐ अँधों की आँख के तारे,
ऐ लँगड़े लूलों के सहारे।

× × ×

नाव जहाँ की खेनेवाले,
दुख में तसल्ली देनेवाले।
जब अब तब तुझसा नहीं कोई,
तुझसे हैं सब तुझसा नहीं कोई।
जोत हैं तेरी जल और थल में,
बास है तेरी फूल और फल में।
हर दिल में है तेरा बसेरा,
तू पास और घर दूर है तेरा।
राह तेरी दुश्वार और सकड़ी,
नाम तेरा रहगीर की लकड़ी।

× × ×

तू है अकेलों का रखवाला,
तू है अँधेरे घर का उजाला।
लागू अच्छे और बुरे का,
ख़्वाहाँ खोटे और खरे का।
बैद निरासे बिमारों का,
गाहक मन्दे बाज़ारों का।
सोच में दिल बहलानेवाला,
बिपता में याद आनेवाला।

× × ×

बे आसों को आस है तू ही,
जागते सोते पास है तू ही।

× × ×

तू ही दिलों में आग लगाए,
तू ही दिलों की लगी बुझाए।

× × ×

यहाँ पछवा है वहाँ पुरवा है,
घर-घर तेरा हुक्म नया है।

× × ×

एक ने इस जंजाल में आकर,
चैन न देखा आँख उठाकर।

× × ×

सब को तेरे इनआम थे शामिल,
मैं ही न थी इनआम के काबिल।

× × ×

गर कुछ आता बाँट में मेरी,
सब कुछ था सरकार में तेरी।
थी न कमी कुछ तेरे घर में,
नून को तरसी मैं साँभर में,
राजा के घर पली हूँ भूकी,
सदाबरत से चली हूँ भूकी।
पहरों सोचती हूँ मैं जी में,
आई थी क्यों इस नगरी में।
रही अकेली भरी सभा में,
प्यासी रही भरी गंगा में।

× × ×

तेरे सिवा ऐ रहम के बानी,
कौन सुने य' राम कहानी।

× × ×

लेकिन हठ प्यारों की यही थी,
मरज़ी ग़मख़्वारों की यही थी।
अपने बड़ों की रीत न टूटे,
क़ौम की बाँधी रस्म न छूटे।
हो न किसी से हम को नदामत,
नाक रहे कुनबे की सलामत।
जान किसी की जाए तो जाए,
आन में अपनी .फ़रक न आए।
× × ×
बेड़ा था मँझधार में मेरा,
चार तरफ़ छाया था अँधेरा।
थाह थी पानी की न किनारा,
तेरे सिवा था कुछ न सहारा।
× × ×
रोकने थे हमले मुझे दिल के,
था मुझे जीना ख़ाक में मिल के।
नफ़्स से थी दिन रात लड़ाई,
दूर थी नेकी पास बुराई।
जान थी मेरी आन की दुश्मन,
आन थी मेरी जान की दुश्मन।
आन सँभाले जान थी जाती,
जान बचाए आन थी जाती।
तय करने थे सात समन्दर,
हुक्म य था हों पाँव न हो तर।
कोयला चारों खूँट था फ़ैला,
हुक्म य था पल्ला न हो मैला।
प्यास थी लू थी और थी खरसा,
और दरिया से गुज़रना प्यासा।

घूप की थी पाले प' चढ़ाई,
आग और गन्धक की थी लड़ाई।
दर्द अपना किससे कहूँ क्या था,
आके पहाड़ इक मुझ प' गिरा था।
नफ़्स से डर था मुझको बदी का,
इसलिए हरदम थी य' तमन्ना।
मर जाऊँ या ज़िन्दा रहूँ मैं,
तुझ से मगर शरमिन्दा न हूँ मैं।
जान बला से जाए तो जाए,
पर कहीं देनी बात न आए।

× × ×

भाषा की कसौटी

भाषा की शैली में भेद पड़ जाने का कारण अरबी, फारसी और संस्कृत शब्दों के प्रयोग का तारतम्य है। एक तरफ़ अरबी फ़ारसी शब्दों की ज़्यादती ने उर्दू को अरबी फ़ारसी का मुरक्कब या मिक्सचर बना दिया है, तो दूसरी ओर संस्कृत शब्दों की भरमार ने भाषा को संस्कृतमय बनाकर हिन्दी का कायाकल्प कर दिया है। दोनों ओर की यह प्रवृत्ति किस प्रकार रोकी जा सकती है, शब्दों का प्रयोग किस रीति और नियम के अनुसार होना चाहिए, जिससे हिन्दी उर्दू की शैली का भेद कम हो जाए और इसके स्वरूप में यथासम्भव समानता आ जाए, इस विषय पर दोनों भाषाओं के अनुभवी और हितैषी विद्वानों ने जो बहुमूल्य विचार प्रकट किए हैं, उन पर ध्यान देना ज़रूरी है। शब्दों के प्रयोग में जब तक मध्यम मार्ग का अवलम्बन न किया जाएगा या मिया नारवी और ऐतदाल की राह पर न चला जाएगा, तब तक हिन्दी-उर्दू का भयानक रूप से बढ़ता हुआ यह भेदभाव कभी दूर न होगा।

शब्दों का समुचित प्रयोग ही भाषा की कसौटी है, इस विषय में डॉक्टर ग्रियर्सन साहब, महामहोपाध्याय पण्डित गिरिधर शर्मा चतुर्वेदी शम्सुलउलमा मौलाना हाली, मौलाना सलीम और मौलवी अब्दुलहक़

साहब ने हिन्दी उर्दूवालों को जो सत्परामर्श दिया है, वह बहुत ही यथार्थ और सारगर्भित है। उन महानुभावों की शुभ सम्मति के अनुसार व्यवहार करने से ही भाषा का सुधार और संस्कार बहुत-कुछ सम्भव है। इनके उपदेश पर ध्यान देना हिन्दी उर्दू के हितैषियों और साहित्य-सेवियों का कर्तव्य है। मनमाने ढँग से अपनी अपनी ढपली पर अपना-अपना राग गाने से भाषा में एकता का भाव कभी उत्पन्न न हो सकेगा।

ठेठ हिन्दी क्या है, और हिन्दी में शब्दों का प्रयोग किस नियम के अनुसार होना चाहिए, इस बारे में भारतीय भाषाओं के मर्मज्ञ विद्वान् डा. ग्रियर्सन साहब लिखते हैं—

"ठेठ हिन्दी संस्कृत की पौत्री (दौहित्री) है। हम यह कह सकते हैं कि संस्कृत की पुत्री प्राकृत और प्राकृत की पुत्री ठेठ हिन्दी है। अन्य भाषाओं की तरह हिन्दी भी दूसरी भाषाओं से शब्द ग्रहण करती है। जब वह किसी विशेष विचार को प्रकट करना चाहती है, और देखती है कि उसके पास उपयुक्त शब्द नहीं हैं, उस समय वह प्रायः आवश्यक शब्द संस्कृत से उधार लेती है, प्रत्येक ठेठ शब्द अर्थात् प्रत्येक वह शब्द जो कि प्राकृत-प्रसूत है 'तद्भव कहलाता है। संस्कृत से उधार लिया हुआ प्रत्येक शब्द जो कि प्राकृत से उत्पन्न नहीं है, और इस कारण ठेठ नहीं है, 'तत्सम' कहलाता है। यदि तद्भव शब्द न मिलते हों तो तत्सम शब्द के प्रयोग करने में कोई आपत्ति नहीं। 'पाप' तत्सम है, ठीक-ठीक इस अर्थ का द्योतक कोई तद्भव शब्द नहीं है। अतएव यथास्थान पाप का प्रयोग किया जा सकता है। किन्तु जहाँ एक ही अर्थ के दो शब्द हैं, एक तद्भव (अर्थात् ठेठ) दूसरा तत्सम, वहाँ पर तद्भव शब्द का ही प्रयोग होना चाहिए। हाथ के लिए तद्भव शब्द 'हाथ' और तत्सम शब्द 'हस्त' है, अतएव 'हस्त' के स्थान पर 'हाथ' का प्रयोग होना ही संगत है। यह स्मरण रहना चाहिए कि प्रत्येक तत्सम शब्द उधार लिया हुआ है। यह उधार हिन्दी को अपनी दादी (नानी) से लेना पड़ता है। यदि मैं अपने सम्बन्धियों तथा मित्रों से प्रायः ऋण लेने की आदत डालूँ तो मैं विनष्ट हो जाऊँगा। इसी प्रकार यदि हिन्दी उस अवस्था में भी जब कि उसके लिए ऋण लेना नितान्त आवश्यक नहीं है, ऋण लेने का स्वभाव डालती रही तो वह भी विनष्ट हो जावेगी। इस कारण मैं बलपूर्वक यह सम्मति देता हूँ कि हिन्दी के लेखक जहाँ तक सम्भव हो, ठेठ शब्दों (अर्थात् तद्भव शब्दों) का प्रयोग करें; क्योंकि वे हिन्दी के स्वाभाविक

अंक अथवा अंशभूत साधन हैं। उधार लिए हुए संस्कृत (तत्सम) शब्दों का जितना ही कम प्रयोग हो, उतना ही अच्छा। मैं यह प्रकट कर देना चाहता हूँ कि शब्दों के प्रयोग करने की कसौटी यह है कि हम देखें कि यह शब्द तद्भव है, न यह कि तत्सम। कारण इसका यह है कि बहुत से तद्भव शब्द ऐसे हैं, जो कि ज्यों के त्यों वैसे ही हैं, जैसे कि संस्कृत में हैं। जैसे—

संस्कृत	**प्राकृत**	**तद्भव (ठेठ हिन्दी)**
वन	वर्ण	बन

यहाँ तत्सम शब्द भी वन (या बन) है, परन्तु बन भी अच्छा ठेठ हिन्दी शब्द है, क्योंकि वन केवल संस्कृत ही नहीं है, वरन् संस्कृत से प्राकृत में होकर आया हिन्दी शब्द है। यह बिलकुल साधारण बात है कि देवदत्त का पौत्र भी देवदत्त ही कहा जावे और यही बात हिन्दी के विषय में भी कही जा सकती है।

नीचे कुछ अन्य रूप भी दिए जाते हैं—

(ठेठ हिन्दी)

संस्कृत	**प्राकृत**	**तद्भव**	**तत्सम**
जङ्गलः	जंगलो	जंगल	जङ्गल या जंगल
विलासः	विलासो	विलास	विलास या बिलास
सारः	सारो	सार	सार
एकः	एक्को	एक	एक
समरः	समरो	समर	समर
गुणः	गुणो	गुन	गुण (या गुन)

इसी तरह से और भी बहुत से शब्द हैं। अतएव प्राकृत का जानना आवश्यक है, और मैं प्रत्येक मनुष्य को, जो कि हिन्दी की उन्नति करना चाहता है, यह सम्मति भी दूँगा कि वह प्राकृत का अध्ययन करे; क्योंकि वह हिन्दी की माता है। यदि आप जननी को जानते हैं, तो लड़की को अच्छी तरह समझ सकते हैं।

"माय गुन गाय पिता गुन घोड़।
बहुत नहीं तो थोड़हि थोड़।।"[1]

हिन्दी भाषा में आजकल संस्कृत शब्दों की जो बाढ़ आ रही है—भाषा को जो ज़बरदस्ती संस्कृतमय बनाने का अनुचित उद्योग हो रहा है, इस सम्बन्ध में संस्कृत के सुप्रसिद्ध विद्वान (जयपुर राजकीय संस्कृत कालेज के प्रिन्सिपल) म. म. पं. गिरधर शर्मा चतुर्वेदी ने अपने विचार इस प्रकार प्रकट किए हैं:—

"आवश्यकतानुसार हिन्दी-भाषा में संस्कृत शब्दों का ग्रहण उपयोगी और लाभदायक है, किन्तु हिन्दी-भाषा को सर्वथा संस्कृत ही बना देना लाभदायक नहीं है। संस्कृत में एक नीति वाक्य है 'अति सर्वत्र वर्जयेत्' अति कहीं नहीं करनी चाहिए, अति से अत्याचार होता है। लेखकों को सदा मध्य-मार्ग का अवलम्बन करना चाहिए। दूसरे प्रान्तों में हिन्दी-प्रचार का जैसे ध्यान रखना है, सब श्रेणी के लोगों को एक भाषा समझाने का भी उससे कम ध्यान नहीं रखना है। संस्कृतमय बना कर आपने बंगाल, महाराष्ट्र आदि में हिन्दी का प्रचार शीघ्र कर लिया, किन्तु वह केवल शिक्षितों की भाषा बन गई, सर्वसाधारण उसे बिलकुल न समझ सके, तो क्या लाभ हुआ? लाभ क्या, बड़ी हानि हो गई। देश की एक भाषा बनाने का उद्देश्य ही नष्ट हो गया। इससे भाषा ऐसी होनी चाहिए, जिसे साधारण जनता भी समझ सके। साधारण बोलचाल की भाषा से चाहे प्रकृति के अनुसार उसमें भेद हो; किन्तु साधारण लोगों के समझने के योग्य तो रहे। तात्पर्य यह कि आजकल कुछ लेखक सज्जन जो 'बंगला' का आदर्श लेकर हिन्दी में प्रतिशतक 80-90 शब्द संस्कृत के ठूँसकर उसे एकदम संस्कृत बना रहे हैं, यह प्रवृत्ति मेरी समझ में अच्छी नहीं। इससे हिन्दी का अपना भण्डार लुप्त हो जाएगा और लेख की भाषा साधारण भाषा से बहुत दूर चली जाएगी। हिन्दी भाषा में हिन्दी भाषा के शब्द ही प्रथम लेने चाहिए। फिर जब उनसे आवश्यकता पूरी न हो, तब संस्कृत-भाषा से सरल शब्द लेने चाहिए। किन्तु कई एक लेखक सज्जन तो आजकल हिन्दी में ऐसे अप्रसिद्ध शब्द और ऐसे

1. श्रीहरिऔधजीलिखित 'बोलचाल' की भूमिका; पृष्ठ 5–10

विकट समासों का प्रयोग करते हैं जो आजकल संस्कृत-भाषा में भी 'भयङ्कर' माने जाते हैं। 'विकच मल्लिका चढ़ाकर', 'स्वलक्ष्य शैलशृङ्ग पै', 'अनल्प कल्प कल्पना' 'जल प्रशांत रेणुकामय मार्ग', 'सहानुभूतिजनित', 'हृदयममता', 'शुभ्रांगिनी सुपवना-सुजला सुकूल', 'सत्पुष्प सौरभवती', गिरिशृङ्गस्पर्द्धिनी', 'इन्द्रियों की सजीव क्रिया', 'संकुचित परिधि में आबद्ध' इत्यादि अप्रसिद्ध शब्द और जटिल समासों से लदे हुए वाक्य-खण्ड जो हिन्दी के प्रसिद्ध लेखकों की लेखनी से निकल रहे हैं, इनका समझना साधारण संस्कृत के लिए भी कठिन है। इस प्रकार हिन्दी की प्रकृति की रक्षा कैसे होगी? हिन्दी की प्रकृति को तो सुरक्षित रखना है। इस समय तो संस्कृत को भी सरल बनाने का आन्दोलन है, वहाँ भी समासों पर आक्षेप होते हैं, फिर संस्कृत सरल बने, और हिन्दी कठिन बनती जाए। यह विचित्र मार्ग है। इसके अतिरिक्त इस प्रकार के जटिल शब्दों और वाक्यों को हठात् हिन्दी में खींचनेवाले सज्जन बहुधा संस्कृत व्याकरण के नियमों का भी काया-कल्प करने पर उतारू हो रहे हैं। वे संस्कृत के अगाध समुद्र में तल तक डुबकी लगाकर नए-नए शब्द खोजकर लाते हैं, किन्तु उनसे अपने मनमाने मुहाविरों का काम लेते हैं, और संस्कृत व्याकरण के नियमों की भी बिलकुल पर्वाह नहीं करते। जब संस्कृत से शब्द लेना है, तब उन शब्दों की दो ही प्रक्रियाएँ हो सकती हैं—या तो हिन्दी की प्रकृति के अनुकूल—वैसे प्रत्यय लगाकर उन्हें बनाया जाए, जैसा कि प्राचीन कवि बहुधा करते रहे हैं, जैसे, 'सुन्दरता' संस्कृत का शब्द है, इसे हिन्दी में लेते समय 'सुन्दरताई' बना लिया, तो यह हिन्दी की प्रकृति के अनुकूल हुआ। या फिर संस्कृत शब्दों को अपने ही शुद्ध रूप में लिया जाए, जैसे कि आजकल चाल है। इस दशा में वे संस्कृत में जैसे अर्थ में हैं, या उनके सम्बन्ध में संस्कृत व्याकरण के जैसे नियम हैं, एवं वाक्य रचना की संस्कृत और हिन्दी की जैसी पद्धति है, उस सब की रक्षा आवश्यक होगी। यदि ये सब बातें न हुईं, तो हिन्दी एक विलक्षण भाषा बन जाएगी। बंगाली लेखकों ने कुछ संस्कृत शब्दों को मनमाने मुहाविरों में बाँधा था, 'आप यह उपकार कर हमें चिरबाधित करेंगे,' इत्यादि। उनकी तो हँसी होती ही थी, इधर हिन्दी के लेखक सज्जन उनसे भी

बहुत आगे बढ़ गए। उदाहरण—'मीलित वर्ण, कविता के माध्यम शब्द हैं', इत्यादि मुहाविरे संस्कृत में कहीं प्राप्त नहीं होते, न इन संस्कृत शब्दों का इससे मिलते-जुलते अर्थ में ही प्रयोग प्राप्त है। हिन्दी में तो ऐसे शब्दों की गंध भी क्यों आने लगी, किन्तु हिन्दी के 'भाग्य-विधाता' इनका प्रयोग करते हैं, फिर यह मनमानी नई भाषा गढ़ना नहीं तो क्या है? 'इसके अतिरिक्त उसकी क्रिया भी कठोर होती है,' के स्थान में कई सज्जन लेखक 'इसके व्यतीत उसकी क्रिया भी' लिखने लगे हैं। यह 'व्यतीत' शब्द सर्वथा मुहाविरों और व्याकरण दोनों से विरुद्ध है। 'मनस्कामना' जब हिन्दी और संस्कृत दोनों के नियमों से संगत नहीं (हिन्दी में मनकामना होनी चाहिए, और संस्कृत में मनः कामना)। तब फिर उसे क्यों हिन्दी के सिर पर लादा जाए? 'अनुपमा तरुराजि हरीतिमा','अरुणिमा जगतीतलरंजिनी' आदि के 'हरीतिमा', 'अरुणिमा' शब्द हिन्दी प्रकृति के अनुकूल तो हैं ही नहीं, वहाँ तो 'हरियाली' 'अरुनाई' होने चाहिए। हिन्दीवाले तो इन शब्दों का अर्थ सीखने को कुछ दिन पढ़ें तब उनका काम चले, किन्तु इन्हें शुद्ध संस्कृत मान लेने पर भी यह आपत्ति रहती है कि संस्कृत में ये शब्द पुल्लिग हैं, फिर यहाँ स्त्रीलिङ्ग क्यों बनाए गए? इनकी जाति का 'महिमा' शब्द अवश्य हिन्दी में स्त्रीलिङ्ग होकर आया है किन्तु इससे क्या ऐसे सब शब्दों को हिन्दी भाषा में लेने का और सबको 'स्त्रीलिङ्ग' बना लेने का अधिकार हमें प्राप्त हो गया? अच्छा इसे क्षम्य भी मान लें, तो और देखिए 'प्रति घड़ी-पल संशय प्राण हैं' इस वाक्य में 'प्राण के संशय' के लिए 'संशयप्राण' को किस भाषा के अनुकूल मानें? संस्कृत के अनुसार हिन्दी में या तो 'प्राण का संशय' कहना चाहिए, या 'प्राणसंशय' कहना चाहिए। यदि जिनके प्राणों का संशय है, उस व्यक्ति का विशेषण इस शब्द को बना देना हो, तो 'संशयगतप्राण' कहना पड़ेगा, 'संशय-प्राण' तो किसी भाँति हिन्दी में नहीं जमता। हाँ 'बहारे चमन' और 'गुलदस्ते गुलाब' आदि की तरह 'संशये प्राण' बनाया जाए तो चल सकेगा। किन्तु भारतीय रसाल में यह अरब के खजूर का पैबंद कहाँ तक उचित होगा, यह पाठक ही सोचें। इसी तरह 'इस सओज सुभाषण श्याम से' इस वाक्य में भी 'श्याम के सुभाषण से' या 'श्याम-सुभाषण' से होना

चाहिए—वाक्य के शब्द सब विकट संस्कृत के और नियम विदेशीय! यह कैसे उचित हो सकता है? 'अगम्य-कांतार-दरी-गिरींद्र में' यहाँ भी 'दरी' शब्द का पूर्व निपात संस्कृत व्याकरण की रीति से शुद्ध नहीं हो सकता। 'गिरींद्र-दरी में' या 'गिरीन्द्र की दरी में' होना चाहिए। इस प्रकार के संस्कृत की तह के तो शब्द हों, और संस्कृत-व्याकरण के नियम के विरुद्ध हों, तो उनकी उचितता विचारणीय होगी। 'ज्योति-विकीर्णकारी उज्जवल चक्षुओं के सम्मुख है,' इस वाक्य में 'ज्योति विकीर्णकारी' शब्द जैसा विकट है, वैसा ही अशुद्ध भी है। 'विकीर्ण' शब्द स्वतन्त्र भाव-वाचक विशेषण नहीं है। उसे ज्योति का विशेषण बनाने से वह ज्योति से पूर्व प्रयुक्त होगा, स्वतन्त्र भाव-वाचक शब्द बनाने से 'ज्योति विकरिर्णकारी' कहना उचित होगा। 'श्रुतिकंठ विदीर्णकारी अक्षरों से' का भी यही हाल है, 'श्रुतिकंठ विदारणकारी' हो सकता है।

'बहु भयावह गाढ़-मसी-समा
सकल लोक-प्रकंपित-कारिणी।'
'विषाक्त श्वासा दल दग्ध-कारिणी'

इत्यादि वाक्यों की जटिलता और हिन्दी में लिए जाने की योग्यता पाठक देखें, और साथ ही 'प्रकंपितकारिणी' और 'दलदग्धकारिणी' की पूर्वोक्त अशुद्धि पर भी ध्यान दें। यहाँ 'प्रकंपनकारिणी' और दलदग्धकारिणी' ही व्याकरण के अनुकूल हो सकता है। 'अपनाअल्प विषया मति-साहाय्य से' इस वाक्यखंड में भी समास के नियमों का पालन नहीं है। यहाँ 'साहाय्य' शब्द को यदि समास से पृथक् रखें, तो मति के साहाय्य से कहना चाहिए। और 'साहाय्य' को भी समास के भीतर डालें, तो 'अपनी' यह स्त्रीलिंग विशेषण किसके सिर मढ़ा जाए? साहाय्य तक समास हो, और विशेषण मति के साथ लगे, यह संस्कृत व्याकरण और हिन्दी की प्रकृति के भी प्रतिकूल है। इन उदाहरणों से यह सिद्ध होता है कि संस्कृत के जटिल समास वाले शब्द लेखक महोदय हिन्दी में लेते हैं, किन्तु संस्कृत नियमों की पर्वाह करना नहीं चाहते। तद्धित की और भी दुर्दशा है। व्याकरण के महाभाष्यकार भगवान पतंजलि ने एक जगह वार्तिककार वररुचि का मजाक करते हुए लिखा है

कि 'प्रियतद्धिता दाक्षिणन्याः' अर्थात् दक्षिण देश के लोगों का तद्धित से बड़ा प्रेम है। जहाँ बिना तद्धित काम चल सकता हो, वहाँ भी वह तद्धित लगाते हैं। इसका उदाहरण भी उन्होंने दिया है कि 'यथा लोके वेदे च' इस सीधे वाक्य से जहाँ काम चल सकता है, वहाँ भी दक्षिणी लोग 'यथा लौकिक वैदिकेषु' ऐसा तद्धित प्रत्यय लगाकर प्रयोग किया करते हैं। अस्तु, यह उस समय की बात होगी, आजकल तो 'प्रियतद्धिताः हिन्दीकर्णधाराः' कहना चाहिए। हिन्दी के लेखक-प्रवरों का तद्धित से इतना प्रेम बढ़ गया है कि हो न हो, प्रयोजन से या बिना प्रयोजन तद्धित ज़रूर लाते हैं। फिर आनन्द यह है कि संस्कृत के शुद्ध शब्द हों, उनमें संस्कृत के ही तद्धित लगाए जाएँ, किन्तु संस्कृत-व्याकरण की कोई पर्वाह नहीं। संस्कृत व्याकरण की रीति से चाहे और ही तद्धित प्राप्त हो, और उस तद्धित का चाहे और रूप बनता हो, किन्तु हमारे लेखक महोदय एक नया तद्धित रूप गढ़ नई भाषा की निर्माण शक्ति का परिचय दे ही देते हैं। इन बातों के उदाहरण लीजिए 'यह कार्य आवश्यक है।' लिखने से पूरा निर्वाह होता है, किन्तु प्रिय-तद्धित यहाँ 'यह कार्य आवश्यकीय है' लिखते हैं 'समूह रूप से आन्दोलन' लिखना पर्याप्त है, किन्तु 'सामूहिक रूप से आन्दोलन' लिखने में उन्हें विशेष आनन्द आता है। 'वैयाकरण' रूप स्वयं तद्धितान्त है, किन्तु लेखक महोदय डबल तद्धित लगाकर 'वैयाकरण पण्डित' लिखने में शान समझते हैं। हिन्दी की प्रकृति के अनुकूल 'व्याकरणी पण्डित' क़रना चाहिए, संस्कृत से 'वैयाकरण पण्डित' शुद्ध है, किन्तु 'वैयाकरणी' कहाँ से निकल पड़ता है, भगवान् जाने! 'वास्तव में' लिखना पर्याप्त है, किन्तु 'वास्तविक में' लिखना महत्व का माना जाता है। एक विकट लेखक महोदय ने एक जगह "शार्ङ्गारिक कविता" लिखा है, मतलब है आपका 'शृङ्गार रस की कविता' से। हम सत्य कहते हैं, यह भीषण तद्धित-प्रयोग हमने संस्कृत में भी नहीं देखा। और एक वाक्य लीजिए 'आप के द्वारा हम साभापत्य आसन को सुशोभित होते देखना चाहते हैं' भला यह महानुभाव 'सभापति के आसन को' लिख देते तो भाषा की क्या नाक कटी जाती थी? संस्कृतवाले भी जहाँ 'वर्णच्छन्द', 'मात्राछन्द' लिखकर काम चलाते हैं, वहाँ हमारी हिन्दी के आचार्य 'वार्णिकछंद' और

'मात्रिकछंद' लिखना ही आवश्यक समझते हैं। ये रूप ठीक भी हैं या नहीं, सो कौन सोचे। अशुद्ध और अनुपयुक्त तद्धितान्तों का तो ठिकाना ही नहीं है। बस एक 'इक' को सबने प्रधान तद्धित मान रखा है, कोई व्याकरण के ग्रन्थकार बनकर भी 'सार्वनामिक' लिखते हैं, कोई अलंकार के आचार्य 'अलंकारिक काव्य' और 'शाब्दिक चमत्कार' लिख डालते हैं। 'सार्वदेशिक ज्ञान' कहता है, तो कोई 'सार्वभौमिक' रूप दे डालता है। लिखते हँसी आती है, कई सज्जन तो 'व्याक्तिक' लिखकर अपनी वैयक्तिक योग्यता का साफ पर्दा उघार देते हैं। 'साम्राज्यिक,' 'साहित्यिक', 'आत्मिक', 'मानसिक', 'बौद्धिक', 'व्याख्यानिक', 'वैद्युतिक', 'पाशविक' कहाँ तक गिनावें, ऐसे-ऐसे विचित्र रूप हिन्दी में चल रहे हैं, कि देखते ही बनता है। इस 'इक' 'इक' की टिक-टिक में भले ही कुछ सज्जन सौन्दर्य समझते हों, किन्तु व्याकरण का गला घोटा जा रहा है, इसमें सन्देह नहीं। 'इक' की तरह 'इत' का भी प्रेम बढ़ता जाता है, 'क्षेत्र सीमित है' (सीमाबद्ध है, इत्यर्थः), 'वे निरुत्साहित हो गए' (निरुत्साह से काम नहीं चलता क्या?) 'निर्माणित हुआ है' आदि-आदि प्रयोग की बानगी अब मिलने लगी है। हमारी विनय यह है कि प्रथम तो तद्धित के इतने जंजाल में जानबूझकर घुसने की आवश्यकता क्या है? और तद्धितांत रूप लेना ही है, तो ऐसे ही रूप लिए जाएँ, जिनका प्रयोग हम जानते हों। अशुद्ध तद्धित लेकर भाषा की मिट्टी पलीद करने के साथ-साथ अपना भी उपहास क्यों कराया जाए? ऐसे तद्धितांतों से भाषा की कठिनता भी बहुत बढ़ रही है, सीधी 'षष्ठी विभक्ति' या 'सम्बन्धी लगाने से (साम्राज्य सम्बन्धी साहित्य सम्बन्धी आदि) जब काम अच्छी तरह चल सकता है, तो इस तद्धित प्रेम के व्यसन में क्यों उलझना।

''तद्धितांतों की तरह कृदन्त रूप भी कुछ-कुछ विलक्षण बनाए जा रहे हैं, 'प्रकंपायमान-वृक्ष' 'नियमित रूप' 'इच्छित अर्थ' आदि शब्द धुरंधर लेखकों के लेखों में भी देखे जाते हैं, जहाँ कि व्याकरण से 'प्रकंपित', 'नियत', 'इष्ट' होने चाहिए। 'हमने अमुक बात को प्रमाण किया', 'यह मार्ग मैंने निश्चय किया' इत्यादि मुहाविरे भी बढ़ रहे हैं जिनमें कि विशेषण बनाकर भी भाववाचक शब्द ही रख दिए जाते हैं।

या तो 'बात का निश्चय' चाहिए, या 'बात निश्चित'। इसी तरह स्त्री प्रत्यय के प्रयोग में भी हिन्दी की प्रकृति के प्रतिकूल व्योहार हो रहा है। हिन्दी में विशेषणों के आगे स्त्री प्रत्यय बहुधा नहीं आता, ख़ास कर विधेय विशेषण के आगे तो स्त्री प्रत्यय प्रायः इस भाषा की प्रकृति के अनुकूल नहीं पड़ता। 'प्रधान सहायिका होने के कारण आदरणीया है' और 'विविधा सहायता', 'अशंक की थी' आदि प्रयोग कहाँ तक प्रकृति के अनुकूल माने जा सकते हैं।''[1]

मुसलमान विद्वानों की राय

महामहोपाध्याय जी ने हिन्दी को संस्कृत रंग में रंगनेवालों को चेतावनी देते हुए उन्हें अति के अत्याचार से बचकर मध्यम मार्ग पर चलने की जो समुचित प्रेरणा दी है, मौलाना अब्दुलहक़ साहब ने भी अरबी-फ़ारसी के मतवाले कवि-लेखकों को, अपने बुज़ुर्गों का मार्ग छोड़ देने के कारण, ठीक वैसी ही तम्बीह की है। उन्होंने हिन्दीवालों के भी कान खोल दिए हैं।

इन्तख़ाब कलामे-मीर के मुक़द्दमे में मौलवी अब्दुलहक़ साहब लिखते हैं—

''इसमें शक नहीं कि 'मीर' के कलाम में फ़ारसियत का रंग ज़्यादा है, मगर इस पर भी साफ़ और सुथरे अशआर भी कसरत से पाए जाते हैं। फ़साहत और सलासत (सुगमता और सरलता) मुताख़रीन (पूर्व लेखकों) के कलाम से कहीं ज़्यादा है। अगर्चे 'मीर' और उनके हम अशर शोअरा (समकालीन कवियों) के कलाम में फ़ारसियत ग़ालिब है, लेकिन इस ज़माने में अरबियत का रंग जो ग़ालिब होता जाता है, वह उससे कुछ कम नहीं है। इन बुज़ुर्गों ने तो फिर भी यह किया कि जहाँ कसरत से फ़ारसी तरकीबें दाख़िल कीं, वहाँ बहुत से अलफ़ाज़ को अपना कर लिया और सिर्फ़ सरफ़नहो (व्याकरण) की ख़रात पर चढ़ाकर उर्दू बना लिया। लेकिन आजकल यह कोशिश की जाती है कि अरबी अलफ़ाज़ और तरकीबों को जूँ का तूँ रखा जाए; ऐसा न हो कि यह

1. महामहोपाध्याय श्री पं. गिरिधर शर्मा चतुर्वेदी का 'वर्तमान हिन्दी में संस्कृत शब्दों का ग्रहण' शीर्षक नागरी प्रचारिणी पत्रिका में प्रकाशित निबन्ध।

मुक़द्दस अलफ़ाज़ (पवित्र शब्दावली) उर्दू सरफ़ नहो के छू जाने से नजस (अपवित्र) हो जाएँ। उन बज़ुर्गों ने ज़बान को बनाने और वसीअ करने की कोशिश की और बहुत बड़ा अहसान किया। मगर आजकल लोग उनकी तक़लीद (अनुकरण) को नंग (हेय) समझते और उनकी कोशिशों को गलतुलआम[1] से ताबीर करते हैं, हालाँकि वह सही असूल पर चल रहे थे, और हम बावजूद हमादानी (सर्वज्ञता) के ज़बान की असली तरक्क़ी व नशोनुमा के गुर से नावाक़िफ़ हैं। एक दूसरा फ़रीक़, जो फ़ारसी अरबी के मक़बूल (अङ्गीकृत) अलफ़ाज़ निकाल कर उनकी जगह ग़ैर-मानूस और सक़ील संस्कृत के अल्फ़ाज़ ठूँसना चाहता है, इसी नाफहमी (अज्ञता) में मुब्तला है। हमारी राय में यह दोनों ज़बान के दुश्मन हैं।'' (पृ. 18, 19)

उर्दू के वह लेखक, जो हिन्दी-संस्कृत शब्दों से अपना दामन बचाते हुए चलते हैं और उर्दू पर हिन्दी की परिछाईं नहीं पड़ने देना चाहते—उर्दू में हिन्दी-संस्कृत के शब्दों की मिलावट को कुफ्र से कम नहीं समझते; मौलाना वहीदुद्दीन सलीम ने उन्हें एक करारी फटकार इन शब्दों में बताई है—

''........मगर अफ़सोस है कि हमारे ज़माने के बाज़ ग़ज़लगो शाइर, जिनको 'सौदा' की ज़बान में हम शाइरुल्ले कह सकते हैं; मुस्तअमिल और मरविवज ज़बान में से छील-छीलकर बहुत से अलफ़ाज़ तो निकालते और मतरूकात का दायरा वसीअ करते जाते हैं, लेकिन ऐसा कोई सामान मुहय्या नहीं करते, और ऐसा कोई तरीक़ा अख़्तियार नहीं करते जिससे हमारी ज़बान में अदाय मतालिब व ख़यालात की वसअ़त पैदा हो और उसको दिन दूनी रात चौगुनी तरक़्क़ी नसीब हो। अगर कोई

---

1. ''आमग़लती और अवाम की ग़लती में बहुत बड़ा फ़र्क है। जो ग़लत अलफ़ाज़ ख़ासोआम दोनों की ज़बान पर जारी हो जाए, यह आम ग़लती में दाख़िल हैं। ऐसे अलफ़ाज़ का बोलना सिर्फ़ जायज़ ही नहीं बल्कि सही बोलने से बेहतर है। हाँ, जो ग़लत अलफ़ाज़ सिर्फ़ अवाम और जुहला (सर्वसाधारण और अनपढ़) की ज़बान पर जारी हों, न कि ख़वास और पढ़े-लिखों की ज़बान पर, अलबत्ता ऐसे अलफ़ाज़ को तर्क करना वाजिब है; जैसे मिज़ाज को मिजाज़ कहना, मुनकिर को नामुनकिर, ख़ालिस को निख़ालिस, नाहक़ को बेनाहक़, दरवाज़े को दरवज़्ज़ा, नुसख़े को नुख़सा वग़ैरह है।'' (मुकद्दमा हाली, पृष्ठ 111)

शख़्स बुज़ूग के नक़्श्क़दम पर चलकर किसी फ़ारसी या अरबी लफ़्ज को किसी हिन्दी लफ़्ज़ के साथ जोड़ देता है, या फ़ारसी ज़बान के किसी साबक़े (उपसर्ग) या लाहके (प्रत्यय) को किसी हिन्दी लफ़्ज़ के साथ मिला देता है, या किसी हिन्दी साबक़े या लाहके को अरबी या फ़ारसी लफ़्ज़ के शुरू या आख़िर में लगा देता है,[1] या कोई मसदर (धातु) बनाकर उसके मश्तक़ात (उससे उत्पन्न हुए शब्द) से काम लेता है, तो यह नज़मोइन्शा के दरबान उसका क़लम पकड़ लेते हैं और उसकी ज़बान गुद्दी से खींचने के लिए तैयार हो जाते हैं और उससे किसी गुज़िश्ता शाइर की सनद का मतालिबा करते हैं और फ़रमाते हैं कि जो अल्फ़ाज़ पहले बन चुके हैं, वह समाई हैं, उन पर क़यास कर के नए अल्फ़ाज़ बनाए नहीं जा सकते; हालाँकि वह हज़रत यह ख़्याल नहीं करते कि जब कोई ऐसी ही मखलूत लफ़्ज़ या 'सबक़ लाही' लफ़्ज़ या नया मसदर बनाया गया था और किसी शाइर ने उसको अव्वल-अव्वल इस्तेमाल किया था, तो ऐसा ही मतालिबा करने पर वह उस लफ़्ज़ या मसदर की कोई सनद गुज़िश्ता शोरा के कलाम से पेश नहीं कर सकता था। अगर बिल फ़र्ज़ वह कोई ऐसा ही दूसरा लफ़्ज़ पेश करता, जो बनकर मुस्तअमिल हो चुका था, तो उस समायी लफ़्ज़ को क़यासी क्योंकर साबित कर सकता था। फिर वह यह ख़याल नहीं करते कि अगर उन्हीं जैसे ज़बान व अलफ़ाज़ के क़ातिल उस ज़माने में मौजूद होते और उनका अख़्तियार नाफ़िज़ होता, तो किसी तरह मुमकिन न था कि हमारे बुज़ुर्ग आज हमारे लिए उर्दू ज़बान में पचपन हज़ार से ज़्यादा अ्लफ़ाज़ का ज़ख़ीरा छोड़ जाते। जर्मन, फ़रांसीसी और अँगरेज़ अगर इस नामाकूल असूल पर अमल करते, तो उन क़ौमों की तरक्क़ीयाफ़्ता ज़बाने एक इंच आगे न सरकतीं और अलूमो फुनुन और हर क़िस्म के ख़यालात व अफ़कार के ज़ख़ीरे इन ज़बानों में मुहय्या न हो सकते। अँगरेज़ी ज़बान बमुक़ाबिले जर्मन और फ़रांसीसी ज़बान के कम वसीअ है ताहम 'न्यूस्टैण्डर्ड डिक्शनरी' के नाम से हाल में अँगरेज़ी ज़बान की जो लुग़ात अमरीका से शाया हुई है, उसमें साढ़े चार लाख अलफ़ाज

1. एकेडमी के 'हिन्दुस्तानी' रिसाले के 'तिमाही' लफ़्ज़ पर नज़्मो इन्शा के कुछ दरबानों ने शोर मचाया था—इसे ग़ज़ल बताया था, जिसका माक़ूल जवाब कानपुर के रिसाले 'ज़माने' में किसी साहब ने दिया था। लफ़्ज़ तिमाही में 'माही' (फ़ारसी) के साथ 'ति' (हिन्दी) साबक़ा लगा हुआ है, इस पर एतराज़ है।

मौजूद हैं।....इन मुल्कों और कौमों में ज़बान और क़लम के ऐसे दरबान मौजूद नहीं हैं, जैसे हमारे मुल्क और हमारी क़ौम में मौजूद हैं। यह हज़रात अरबी और फ़ारसी के मिलाप को तो रबा रखते हैं, मगर हिन्दी अलफ़ाज़ के साथ इस मिलाप को गवारा नहीं करते, हालाँकि इस मिलाप की हज़ारों मिसालें हमारे बुज़ुर्ग बतौर यादगार छोड़ गए हैं......।''[1]

उर्दू साहित्य पर यथार्थ अधिकार प्राप्त करने और उर्दू का सच्चा शाइर बनने के लिए हिन्दी का जानना कितना ज़रूरी है, हिन्दी के बिना उर्दू कितनी अधूरी है, इस बात को हाली साहब ने क्या अच्छे ढंग से दृष्टान्त देकर समझाया है। वे अपने मुक़द्दमे में लिखते हैं—

''उर्दू पर क़ुदरत (अधिकार) हासिल करने के लिए सिर्फ़ दिल्ली या लखनऊ की ज़बान का ततब्बो (पैरवी) ही काफ़ी नहीं है, बल्कि यह भी ज़रूर है कि अरबी और फ़ारसी से कम से कम मुतवस्सित दर्जे (मध्यम कोटि) की लियाक़त और हिन्दी भाषा में फ़िल् जुमला दस्तगाह बहम पहुँचाई जाए (अच्छी खासी योग्यता प्राप्त की जाए)।[2] उर्दू ज़बान की बुनियाद, जैसा कि मालूम है, हिन्दी भाषा पर रखी गई है। उसके तमाम अफ़आल और तमाम हरूफ़ और ग़ालिब हिस्सा अस्मा का हिन्दी से माख़ूज़ है (क्रियापद, कारकचिह्न और संज्ञापद हिन्दी से लिए गए हैं) और उर्दू शाइरी की बिना फ़ारसी शाइरी पर, जो अरबी शाइरी से मुस्तफ़ाद (लाभान्वित) है, क़ायम हुई है। नीज़ उर्दू ज़बान में बहुत बड़ा हिस्सा अस्मा (संज्ञाओं) का अरबी और फ़ारसी से माख़ूज़ है। पस, उर्दू, ज़बान का शाइर, जो हिन्दी भाषा को मुतलक़ नहीं जानता और महज़ अरबी व फ़ारसी की तानगाड़ी चलाता है, यह गोया अपनी गाड़ी वग़ैर

1. 'वज़ै इस्तलाहात,' पृष्ठ 190, 191

2. हज़रत 'अकबर' की राय में इन सब बखेड़ों में पड़ने की भी ज़रूरत नहीं। शाइरी की ज़बान मोमबत्ती की लौ की तरह साफ़, रोशन दिलों को गर्माने और पिघलानेवाली हो, बस इतना ही काफी है—

छोड़ दहली, लखनऊ से भी न कुछ उम्मीद कर;
नज़्म में भी वाज़े-आज़ादी की अब ताईद कर।
साफ़ है, रोशन है, और है साहबे सोज़ो-गदाज़;
शाइरी में बस ज़बाने-शमा की तक़लीद कर।

पहियों के मंज़िले मक़सूद तक पहुँचाना चाहता है। और जो अरबी व फ़ारसी से नाबलद, (नवाक़िफ़) है, और हिन्दी भाषा या महज़ मादरी ज़बान के भरोसे पर इस बोझ का मुतहम्मिल होता है वह एक ऐसी गाड़ी ठेलता है जिसमें बैल नहीं जोते गए।[1] (पृ. 107-108)

उर्दू शाइरी में तरक़्क़ी की रूह फूँकने का गुर बताते हुए जनाब हाली आगे फ़रमाते हैं—

"...........संस्कृत और भाषा में ख़यालात का एक दूसरा आलम है और उर्दू ज़बान बनिस्बत और ज़बानों के संस्कृत और भाषा के ख़यालात से ज़्यादा मुनासिब रखती है। इसलिए इन ज़बानों से भी ख़यालात के अख़ज़ करने में कमी न करें और जहाँ तक कि अपनी ज़बान में उनके अदा करने की ताक़त हो उनको शेर के लिबास में ज़ाहिर करें और इस तरह उर्दू शाइरी में तरक़्क़ी की रूह फ़ूँकें।"

इसी से मिलती-जुलती राय मौलाना वहीदुद्दीन सलीम पानीपती की है। उन्होंने उर्दू ज़बान को तरक़्क़ी देने और सही मानों में हिन्दुस्तानी बनने की तरकीब यह बयान की है।

......पस, जब हमारा मक़सद यह है कि हम अपनी ज़बान में अदा-ए-ख़यालात के साँचों की तादाद बढ़ावें और इस ग़रज़ से हिन्दू मज़बूत, हिन्दू-देवमाला—पौराणिक उपाख्यान, हिन्दू तारीख़ (इतिहास) और हिन्दू अदब (साहित्य) की तलमीहात (कथानक और दृष्टान्त) का इज़ाफ़ा करें तो इससे हमारे मज़हब और अक़्ल पर कोई असर नहीं पड़ सकता, न कोई चीज़ हमें मज़बूर करती है, कि इन चीज़ों के वज़ूद पर हम यक़ीन क़रें; बल्कि इस इज़ाफ़े से हमें हस्ब जैल फ़वायद (निम्नलिखित लाभ)

---

1. लेकिन उर्दूवाले अब तक इस ज़रूरी बात की तरफ़ ध्यान नहीं देते—हिन्दी सीखने की ज़रूरत को ज़रा भी महसूस नहीं करते—उर्दू पर क़ुदरत हासिल करने के लिए अरबी फ़ारसी की वाक़फ़ियत तो ज़रूरी समझते हैं, मगर हिन्दी की नहीं। मिर्ज़ा मौलाना मुहम्मद हादी साहब 'अज़ीज़' लखनवी अपनी "अज़ीजुल्लुग़ात" के दीवाने में फरमाते हैं—

"उर्दू ज़बान में सही इदराक (ज्ञान) पैदा होने के लिए इस बात की बड़ी जरूरत है कि फ़ारसी ज़बान और किसी क़दर अरबी से बाक़ायदा वाक़फियत हो।"

इस हिदायत में मिर्ज़ा साहब हिन्दी और संस्कृत को बिलकुल नज़रअन्दाज कर गए हैं—इस तरफ़ तवज्जह दिलाना ज़रूरी नहीं समझा। हिन्दी से वाक़िफ़ हुए बग़ैर उर्दू का सही इदराक होना मुशकिल ही नहीं क़रीब क़रीब नामुमकिन है। —व्याख्याता

हासिल होंगे।—

(1) मुख़्तलिफ़ ख़यालात के अदा करने पर हम पहले से ज़्यादा क़ादिर हो जाएँगे।

(2) यह इलज़ाम हम पर से दूर होगा कि हम महज़ मज़हबी तास्सुब की बिना पर हिन्दू अदबीयात (हिन्दू साहित्य) से गुरेज़ करते रहे।

(3) हिन्दू हमारे अदबीयत से पेश्तर की निस्बत ज़्यादा मानूस (परिचित) हो जाएँगे।

(4) हमारी ज़बान सही मानों में हिन्दुस्तानी ज़बान और हमारा अदब सही मानों में हिन्दुस्तानी कहलाने का मुस्तहक़ होगा।

(5) हिन्दू मुसलमानों के इत्तहाद (ऐक्य) की बुनियाद मज़बूत होगी और हुब्बेवतन (देशभक्ति) के मैदान में आसानी से दोनों क़ौमें एक साथ दौड़ेंगी।

इस नुक़्ते पर पहुँचने के बाद हमको लाज़िम है कि हिन्दुओं के मुन्दरजा ज़ैल ज़ख़ीरे पर नज़र डालें और उनसे जदीद तलमीहात हासिल करें:—

1—रामायण, 2—महाभारत, 3—हिन्दू अहदे-हकूमत (शासन-काल) की तारीख़, 4—हिन्दू अफ़साने—मसलन् शकुन्तला, नलदमन (नल-दमयन्ती) विक्रमोर्वशी वग़ैरा, 5—हिन्दू देवमाला, 6—हिन्दू रसूम, 7—हिन्दू फ़िरक़ों के हालात व ख़यालात.....[1]

हम इस मौक़े पर ख़सूसियत के साथ उन तलमीहात का ज़िक्र करना चाहते हैं जो हिन्दू अदबीयात से ली जा सकती है और जिनसे हमारे

1. आज तो उर्दू फ़ारसी के विद्वान् हिन्दू तलमीहात से इस क़दर नावाक़िफ़ हैं कि जगजाहिर 'काशी' को बमानी 'इलाहाबाद' लिखते हैं। (देखिए अहसन मारहरवी की फ़रहंग दीवाने-वली)।
इसी फरहंग में अर्जुन का परिचय इस प्रकार दिया गया है—"एक क़दीम पहलवान जो बड़ा तीरन्दाज़ था।'
'गुलशने-हिन्द' के 7 वें सफ़े पर कर्मनाशा (नदी) को "करमनामसी की नदी " लिखा है; ख़ैर यहीं तक नहीं है, इस पर हज़रत मौलाना शिबली साहब जैसे उर्दू फ़ारसी के मुन्शी का नोट है—"यानी इस नद्दी से जिसका नाम करम था।"

अदबीयात के क़ाबिल में नई रूह पैदा हो सकती है, और जिनके इज़ाफ़े के बाद हम अपनी ज़बान और अदब को दोनों क़ौमों का मुश्तरका सरमाया कह सकते हैं।[1]

हिन्दी में शब्द-प्रयोग की व्यवस्था

हिन्दी एक आम भाषा है। इसमें तो सन्देह का अवकाश ही नहीं क्योंकि उसकी उत्पत्ति संस्कृत और प्राकृत भाषा से हुई है। इसे सभी ने स्वीकार किया है। हिन्दी के बहुसंख्यक शब्द अपने वर्तमान तद्भव और तत्सम रूप में इस बात का स्पष्ट परिचय दे रहे हैं कि वह किस परिवार की सन्तान हैं। इसलिए हिन्दी के कलेवर की पुष्टि संस्कृत और प्राकृत के तत्सम और तद्भव शब्दों द्वारा ही होना स्वाभाविक है—यही उसकी प्रकृति के अनुकूल है, (जैसा कि डा. ग्रियर्सन साहब ने भी अपनी ऊपर उद्धृत सम्मति में कहा है) और उर्दू भी यदि वह हिन्दी ही है, जैसा कि वास्तव में वह है, इस बात का जन्मसिद्ध अधिकार रखती है कि विदेशी और भिन्न परिवार के शब्दों की अपेक्षा उसकी श्रीवृद्धि और भण्डार की पूर्ति उन्हीं तद्भव और तत्सम शब्दों से होनी चाहिए जिनसे कि हिन्दी की होती है। इसलिए इस बात को स्पष्ट करने के लिए—संस्कृत और प्राकृत से हिन्दी का स्वाभाविक सम्बन्ध सिद्ध करने के लिए—हम यहाँ कुछ शब्दों की तालिका देते हैं; और चूँकि फ़ारसी भी आर्यभाषा-परिवार की ही सन्तान है—संस्कृत की पुत्री या बहन है—जिसका परिचय दोनों भाषाओं (संस्कृत और फ़ारसी) के बहुत से समान-स्वरूप शब्दों में स्पष्टतया मिलता है, इसलिए, इस मत की पुष्टि में हम यहाँ संस्कृत और फ़ारसी के अर्थ और स्वरूप में समानता रखनेवाले शब्दों की भी एक तालिका देना उचित समझते हैं। हिन्दी में फ़ारसी शब्दों के प्रयोग पर जो सज्जन आपत्ति करते हैं, इसे भाषा का शील बिगाड़नेवाला अपराध समझते हैं वह इस तालिका को ध्यान की दृष्टि से देखने की कृपा करें कि इस दशा में फ़ारसी के शब्द भी अपने परिवार के नाते हिन्दी-शब्दों से मेल-जोल का मौरूसी और क़ुदरती हक़ रखते हैं।

---

1. मौलाना वहीदुद्दीन साहब सलीम का "उर्दू" जनवरी सन् 1922 में प्रकाशित "तलमीहात" शीर्षक लेख।

संस्कृत से प्राकृत में होकर आए हुए हिन्दी के कुछ शब्द

संस्कृत	प्राकृत	हिन्दी
आत्मीयं	अप्पण	अपना
आत्मन्	अप्पाणं, अत्ता, अप्पा	आप
हस्तः	हत्थो	हाथ
मुष्टिः	मुट्ठी	मुट्ठी
दृष्टिः	दिट्ठी	दीठ
बाहुः	बाहो	बाँह
हृदयं	हिअं, हिअअं	हिया
अक्षि	अच्छी, अच्छीई, अच्छं,	आँख
चक्षुः	चक्खू, चक्खुई	चख, चखन
लोचनं	लोअणो, लोअँण,	लोयन
नयनं	णअणो, णअणं	नैन
वचनं	वअणं (णो)	बैन
स्कन्धः	खंध	कंधा
श्मश्रु	मंसु, मस्सू	मस (मसैं भीगना)
जिह्वा	जौहा, जिभा	जीभ
अस्मदीयः	अम्हारो (अपभ्रंश)	हमारा
द्वौ, द्वे	दुवे	दो
त्रयः, त्रीणि	तिणि	तीन
चत्वारः	चउरो	चार
दश	दस, दह	दस
एकादक	ए आरह	ग्यारह
द्वादश	बारह	बारह
त्रयोदश	तेरह	तेरह
चतुर्दश	चोद्दह, चउद्दह	चौदह
चतुर्दशी	चोद्दसी, चउद्दसी	चौदस

संस्कृत	प्राकृत	हिन्दी
पञ्चदश	पण्णरह	पन्द्रह
अष्टादश	अट्ठरह, ठारह	अठारह
विंशतिः	बीसा	बीस
त्रिंशत्	तीसा	तीस
त्रयोविंशुति	तेंवीस	तेंइस
त्रयस्त्रिंशत्	तेत्तीस	तेंतीस
त्रिचत्वारिंशत्	तेअलीसा	तेंतालीस़
पञ्चाशत्	पण्णासा	पचास
त्रिपञ्चाशत्	तेवणा	तिरवन, तरेपन
पञ्चपञ्चाशत्	पंचावण्ण, पण्णपण्णा	पचपन
षष्ठः	छट्ठो	छठा
षष्ठी	छट्ठी	छटी-छट,
सप्ततिः	सत्तरी	सत्तर
सप्तदश	सत्तरह	सत्तरह
शय्या	सेज्जा	सेज
प्रस्तरः	पत्थरो	पत्थर
कैवर्तः	केवट्टो	केवट
वर्त्ती	वट्टी	बत्ती
यष्टिः	लट्ठी	लाठी
पुष्करं	पोक्खरं	पोखर
स्रोतः	सोत्तं	सोत
सन्ध्या	संझा	सांझ
वल्कलं	वक्कलं	बक्कल
चक्रं	चक्कं	चक्का, चाक
रश्मिः	रस्सी,रासी	रास
मुकुटं	मउड	मौड़

संस्कृत	प्राकृत	हिन्दी
मुकुलं	मउलं	मौल
बाष्पः	बप्फो	भाप
अग्निः	अग्गी	आग
आम्रं	अम्बं	आम
मधूकं	महुअं, महूअं	महुवा
मलिनं	मइलं	मैला
मातृष्वसा	माउसिआ	मौसी
मूल्यं	मोल्लं	मोल
रात्रिः	रत्ती	रात
वातूल	वाउलो	बावला
लवणं	लोणं, लअणं	लोन
वाराणसी	वाणारसी	बनारस
विह्वलः	बिहलो	बिहाल (बेहाल)
वृश्चिकः	बिच्छुओ	बिच्छू
शुक्तिः	सिप्पी	सीपी
शृङ्गं	सिंगं	सींग
वृक्षः	रूक्खो (रूक्ख)	रूख
शृङ्खलं	संकलं	सांकल
क्षारं	खारं	खार
मृत्तिका	मट्टिआ	मट्टी
रुप्यम्	रुप्पं	रूपा
सूची	सुई	सूई
गर्त्त	गड्डं	गड्ढा
सत्यं	सच्चं	सच
विद्युत्	विज्जुला, विज्जू	बिजली

संस्कृत	प्राकृत	हिन्दी
पत्तनं	पट्टणं	पाटण, पाटन (पाकपट्टन)
पर्याणं	पल्लाणं	पालान, पलियान (काठी, चबारजामा)
सूर्यः	सुज्जो	सूरज
स्तम्भं	खम्भं	खम्बा
हस्ती	हत्थी	हाथी
चौर्यं	चोरियं	चोरी
श्मशानं	मसाणं	मसान
दोला	डोला	डोला
दण्डं	डंडो	डंडा
बिसिनी	भिसिणी	भिस, भसिंडा
शोभनं	सोहणं	सोहना, सोहन
वाप़ी	वाई	बावड़ी
शृङ्गारः	सिंगारो	सिंगार
घृणा	घिणा	घिन
निष्ठुरः	निढ्ठुरो	निठुर
मुद्गः	मुग्गो	मूँग
भक्तं	भत्तं	भात
दुग्धं	दुद्धं	दूध
मुद्गरी	मुग्गरो	मूँगरी
सिंहः	सिंघो, सीहो	सींह
छाया	छाहा	छाँह
शपथः	सवहो	सौंह
नदी	णइ, नइ	नदी, ने (वैने चढ़ती वार) बिहारी
सौभाग्यं	सोहग्गं	सुहाग

संस्कृत	प्राकृत	हिन्दी
वृद्धः	वड्ढो	बूढ़ा
पुस्तकं	पोत्थअं	पोथा, पोथी
करीषः	करिसो	करसी (कंडा)
शिरीषः	सिरिस	सिरस
गभीरं	गहिरं	गहरा
गुडुची	गलोई	गिलोय
दवाग्निः	दवग्गी, दावग्गी	दवागि, दौं
ग्रन्थिः	गंठी	गाँठ
अग्रतः	अग्गओ	आगे
सम्मुखं	समुहं, संमुह	समुहै, सामने
पङ्क्तिः	पंत्ती	पांती, पाँत
पुच्छं	पुच्छं	पूंछ
अन्धकारः	अंधआरो, अंधारो	अंधेरा
कुम्भकारः	कुम्भारो, कुम्भआरो	कुम्हार
हरीतकी	हडडई, हरडई	हरड़, हैड़
तडागः	तलाओ	तलाब
शफरी	सभरी	सहरी (मछली)
पश्चिअं	पच्छिमं	पछाँ
पश्चात्	पच्छा	पीछे
वत्सः	बच्छो	बच्छा, बछड़ा
स्नानं	न्हाणं	न्हान
पत्रं	पत्तलं	पत्तर, पत्तल
गृहं	घरं	घर
दरः	डरो	डर
नप्ता	णक्तिओ	नाती
धुर्यः	धोरिओ	धोरी

संस्कृत	प्राकृत	हिन्दी
देवकुलं	देउलं, देवउलं	देवल
राजकुलं	राउलं, राअउलं	रावल
प्लक्षः	पलक्खो	पाखर
बलीवर्द	वइल्लो	बैल
भगिनी	भइणी, वहिणी	बहन (भैना)
कृष्णः	कण्हो, कसणो	कान्ह, किसन
स्नेहः	सणेहो, णेहो	नेह
यादृशः	जइसो	जैसा
तादृशः	तइसो	तैसा
अन्यादृशः	अबराइसो	और सा
इयत्	एक्तिअं	इत्ता, एता (इतना)
'कयत्	केक्तिअं	केता (कित्ता, कितना)
यावत्	जेक्तिआँ	जेता (जित्ता, जिनता)
एतावत्	इत्तिअं	एता (इत्ता, इतना)
प्रभूतं	बहुलं	बहुत
पाटयति	फाडेइ	फाड़ता है
दशति	डसइ	डसता है
स्वपिति	सोवइ	सौव है, सोता है
कथय	कहेहि	कह, कहो
गतः	गओ	गयो (गया)
शोभते	सोहइ	सोहता है, (सुहाता है)
आचक्षते	अक्खइ	आखता है, (कहता है)
दहति	डहई	डहता है (जी जलता है)

संस्कृत और फ़ारसी के समतासूचक शब्द

एक	یک	विंशति	بست
द्वि	دو	त्रिंशति	سی
त्रि	سہ	चत्वारिंशत्	چہل
चतुर्	چار، چہار	पञ्चाशत्	پنجاہ
पंच	پنج	षष्टि	سشت
षट्	شش	सप्तति	ہفتاد
सप्त	ہفت	अशीति	ہشتاد
अष्ट	ہشت	नवति	نود
नव	نہ	शत्	صد، ست
दश	دہ	सहस्त्र	ہزار
जलौका	زلو ، زلوک	दन्त	دند
कुब्ज	کوز	जिह्वा	زبان
नेदस (पास, नेड़े)	نزد	गल	گلو
कर्पास (कपास)	کرپاس	दोषन् (कंधा)	دوش
कुम्भ	خم، خب	ग्रीवा (गर्दन)	گرے
दारु	دار	हस्त	دست
शाखा	شاخ	मुष्टिक	مشت
देवदारु	دیودار	अंगुष्ठ	انگشت
दूर	دور	पृष्ठ	پشت
ऋजु (सीधा)	راست	कुक्षि (कोख)	کش
पितृ	پدر، باپ	नाभि	ناف

मातृ	مادر، ماں	श्रोणि	سرین
भ्रातृ	برادر	पाद	پائے
श्वश्रू (सास)	خواہر	अश्रु	اشک
पुत्र	پور	चम	چرم
दुहितृ	دختر	श्वेत	سپید
जामाता	داماد	श्याम	سیاہ
श्वसुर	خسر	शोण	خون
जननी, जनी	زن	कपि	کپی
अर्घ (मूल्य)	ارز	गौ	گاو
ज्या—ज्मा	زمین	महिष (भैंस)	میش (گاو میش)
शिरः	سر		
बाहु	بازو	अश्व	اسپ
जानु	زانو	खर	خر
तालुक (तालू)	تارک	उष्ट्र	شتر
चक्षु	چشم	मेष (भेड़)	میش
शुनक (कुत्ता)	سگ	तारा	تارا
श्रृगाल	شغال، شگال	क्षपा (रात्रि)	شب
शूकर	خوک	वात (हवा)	باد
मूषक	موش	ग्रीष्म	گرمی
मक्षिका	مگس	हुताशन	آتش
काक	کلاغ (زاغ)	धूम (धुआँ)	دود
चटिका (गौरैया)	چتوک، چغوک	मिहिर (सूर्य)	مہر
कुलाल (कुम्हार)	کلال	अंगार	انگارہ

जङ्गल	جنگل	मेघ	میغ
ग्रास	گراس	वर्षा	بارش
सर्षप (सरसों)	سرشف	वर्षकाल	برشگال
नीलोत्पल	نیلوفر	कच्छप	کشف
खनि (खान)	کان	गोधूम	گندم
शकुन	شگون	माष (उड़द)	ماش
आपत्	آفت	ब्रीहि (चावल)	برنج
शुष्क	خشک	शालि (धान)	شالی
जाल	جال	क्षीर	شیر
हलाहल	ہلاہل	आहार	آہار
गंज (ख़ज़ाना)	گنج	आर्द्रक	ادرک
महत्तर	مہتر	शर्करा	شکر
चक्र	چرخ	कर्पूर	کافور
स्थान	استان	सुमन	سمن (خاص پھول)
सूर, सूर्य	خور، ہور (سورج)	दाम	دام
स्नान	شنا (تیرنا)	अये	اے
अधिकार	اختیار	हिंगु	انگوزہ
ग्राम (गाँव)	گام	अर्क	اک
कपोत	کبوتر	अजगर	اژدہ
तृष्णा (प्यास)	تشنہ (پیاسا)	वापी	وائیں یا وائے
नर	نر	अस्थि	استہ، ہستہ

1. برشگال اے بہارِ ہندوستان اے نجات از بلائے تابستان

(مسعود سید سلیمان)

नाम	نام	आप	آپ
नील	نیل (رنگ)	मकरमत्स्य	مگرمچھ
चन्दन[1]	صندل	डक्का (ढोल)	دہل
शृङ्गवेर (सोंठ)	زنجبیل	अहिफ़ेन	افیون، اپیون، پپیون
जीरक	زیرہ	वेत्र (बेत)	بید
त्रास	ترس	चाण्डाल	جندال
महत्	مہ	विधवा	بیوا

इत्यादि इत्यादि, बहुत से शब्द हैं जो फ़ारसी और संस्कृत में समानार्थक और समानरूप के हैं। किसी शब्द में देशभेद और उच्चारणभेद से कुछ अन्तर पड़ गया है। संस्कृत और फ़ारसी दोनों एक ही आर्य परिवार की कन्याएँ हैं, इसलिए यह समानता कोई आश्चर्य की बात नहीं है। ऐसा होना स्वाभाविक ही है। इस समय हिन्दी में फ़ारसी के अनेक शब्द जो तत्सम या तद्भव रूप में प्रचलित हो गए हैं, उनके बहिष्कार की चेष्टा करना भाषा के भण्डार को रीता करना है।

हिन्दी और पुराने मुसलमान

हिन्दी और उर्दू पहले एक थीं। दोनों जातियों ने मिलकर हिन्दी उर्दू साहित्य का निर्माण किया। मुसलमानों में अनेक हिन्दी कवि हुए तो हिन्दुओं में बहुत से उर्दू के लेखक और कवियों ने उर्दू की साहित्य-वृद्धि की। हिन्दू अब भी उर्दू की बहुमूल्य सेवा कर रहे हैं, पर मुसलमान हिन्दी की ओर से उदासीन हैं। हिन्दुओं के लिए उर्दू के विरोध का और मुसलमानों के लिए हिन्दी की मुख़ालफ़त का कोई कारण या सबब नहीं है, सिर्फ़ समझ का फेर है।

एक गुरु के दो चेले थे। दोनों ने गुरु के दोनों चरणों की सेवा आपस में बाँट ली थी। एक ने दाहिने पैर की सेवा का भार लिया, दूसरे ने बाएँ पैर की। एक दिन बायाँ पाँव दाहिने पैर के ऊपर आ गया। इससे नाराज़ होकर दाहिने पाँव का सेवक डंडा उठा कर बाएँ पाँव की

1. पहले फ़ारसी में भी 'चन्दन' ही था। 'फर्रुखी' और 'मनुचेहरी' के यहाँ चन्दन ही है।

सेवा करने लगा और बाएँ पाँव का सेवक दाहिने की पूजा इसी तरह करने लगा। कुछ ऐसा आचरण आजकल उर्दू के हिमायती और हिन्दी हितैषी भक्त कर रहे हैं। यह भाषा का और देश का दुर्भाग्य है। जिस तरह शिक्षित हिन्दू उर्दू को अपनाए हुए हैं, मुसलमानों को चाहिए कि वह भी हिन्दी की ओर हाथ बढ़ावें। मुसलमान भाइयों ने भूल से उसे हौआ समझ लिया है। लिपिभेद आदि के कारण जो भेद हिन्दी और उर्दू में हो गया है, उसे अब अधिक बढ़ाना उचित नहीं है। हिन्दी लेखक प्रचलित और आमफ़हम फ़ारसी शब्दों का, जो उर्दू में आ मिले हैं और सूक्तियों का व्यवहार करना बुरा नहीं समझते, पर उर्दू-ए-मुअल्ला के पक्षपाती ठेठ हिन्दी शब्दों को चुन चुन कर उर्दू से बराबर बाहर कर रहे हैं। प्रचलित हिन्दी शब्दों की जगह ढूँढ-ढूँढ कर नए अरबी और तुरकी शब्दों की भरती की जा रही है। उर्दू का कायाकल्प किया जा रहा है। यह अच्छे लक्षण नहीं हैं। भाषा के मामले में कट्टरपन का भाव किसी को भी शोभा नहीं देता।

बादशाह औरंगज़ेब का मज़हबी जोश मशहूर है। मज़हब के मामले में वह बड़े कट्टर थे, मगर भाषा के बारे में वह भी उदार थे। उनके दरबार में हिन्दी कवि रहते थे। औरंगज़ेब ख़ुद भी हिन्दी के प्रेमी थे। संस्कृत में भी शायद उन्हें कुछ दख़ल था। इसके सबूत में उनकी एक तहरीर पेश करता हूँ।

औरंगज़ेब के पत्रों का संग्रह जो 'रूक्क़आते-आलमगीरी' के नाम से फ़ारसी में छपा है, उसमें एक रूक्का (नं. 8) बादशाहज़ादा मुहम्मद आज़म बहादुरशाह के नाम है। इन शाहज़ादे ने कहीं से ख़ास आमों की डाली बादशाह के हज़ूर में भेजी है, और उन आमों का नाम रखने के लिए बादशाह सलामत से इस्तदुआ की है। उसके उत्तर में बादशाह लिखते हैं।—

''फ़र्जन्द आली-जाह, डाली अम्बा मुर्सले-आं फ़र्जन्द बज़ायक़े पिदर-पीर ख़ुश गवार आमदे, बराय-नाम अम्बए-गुम नाम इस्तदुआ ममूदा अन्द, चूं आं फ़र्जन्द जूदते-तबा दारन्द, रवा दार तकलीफ़े-पिदर-पीर चरा मी शवन्द, बहर हाल 'सुधा-रस' वो 'रसना विलास' नामीदा शुद।''

इस रुक्के के लफ़्ज 'डाली' और आमों के नाम 'सुधारस' और 'रसना विलास' पर ज़रा ध्यान तो दीजिए। 'डाली' लफ़्ज फ़ारसी का नहीं है, फिर भी औरंगज़ेब जैसे ज़बरदस्त मुन्शी ने उसकी जगह अरबी

या फ़ारसी लफ़्ज़ गढ़ कर या सुनकर नहीं रक्खा। जो बोल चाल में था, वही रहने दिया। आमों के नाम तो उन्होंने इस कमाल के रक्खे हैं कि क्या कोई रखेगा। 'सुधारस' और 'रसना विलास' क्या मीठे नाम हैं! सुनते ही मुँह में पानी भर आता है। ये नाम बादशाह के भाषा-विज्ञान और सहृदयता के सच्चे साक्षी हैं। आम हिन्दुस्तान का मेवा है। फ़ारसी या तुर्की नाम उसके मुनासिब नहीं, यही समझ कर बादशाह ने यह रसीले भारतीय नाम तजवीज़ किए।

जो लोग देशी चीज़ों के लिए भी विदेशी या विलायती नाम ढूँढने में सारी लियाक़त ख़र्च कर डालते हैं, या वह लेखक, जो नई-नई परिभाषाएँ अपनी-भाषा में लाने के लिए क़ाहरा और कुस्तुन्तुनिया के अख़बारों की फ़ाइल टटोलते रहते हैं, इससे शिक्षा ग्रहण करें तो भाषा पर बड़ी दया करें।

औरंगज़ेब की पुत्री श्रीमती शाहज़ादी बेगम ने जो फ़ारसी की कवि थी हिन्दी में 'नैन-बिलास' नामक कविताग्रन्थ की रचना की थी जिसका अन्तिम दोहा यह बतलाया जाता है—

जेबुन्निसा जहान में, दुख़्तर आलमगीर।
नैन बिलास विलास में, ख़ास करी तहरीर।।

बादशाह औरंगज़ेब के बड़े भाई शाहज़ादा दाराशिकोह का हिन्दू दर्शनशास्त्र (फ़िलसफ़ा) और उपनिषदों का प्रेम प्रसिद्ध ही है। वह तो इस पर बलिदान ही हो गए।

उर्दू के ही नहीं बल्कि पहले फ़ारसी के बड़े बड़े मुसलमान कवियों ने हिन्दी में कविता की है। हिन्दुस्तानी या खड़ी बोली के आदिम कवि अमीर ख़ुसरो माने जाते हैं। उनकी हिन्दी कविता के जो थोड़े-बहुत नमूने पहेली और कहमुकरनी आदि के रूप में बच रहे हैं वही खड़ी बोली की कविता का सबसे पुराना नमूना समझा जाता है। बाद के भी अनेक मुसलमान विद्वानों ने हिन्दी में कविता की है, जिनमें मलिक मुहम्मद जायसी, अब्दुर रहीम ख़ानख़ाना ('रहीम' या 'रहमन') मुख्य हैं। रहीम संस्कृत के भी अच्छे कवि थे।[1] जायसी का स्थान पुराने हिन्दी कवियों में

---

1. 'रहमन' की संस्कृत-कविता के कुछ नमूने सुनिए—
"रत्नकरोऽस्ति सदनं गृहिणी च पद्मा, किं देयमस्ति भवते जगदीश्वराय। राधा गृहीत मनसेऽमनसे च तुभ्यं, दत्तं मया निजमनस्तदिदं गृहाण।।"
"अहल्या पाषाणः प्रकृति पशुरासीत्कपि चमू—

बहुत ऊँचा है। मीर ग़ुलाम अली 'आजाद' बिलग्रामी के फ़ारसी तज़करे 'सर्वे आज़ाद' में एक अध्याय बिलग्राम के हिन्दी कवियों के सम्बन्ध में है, जिसमें बिलग्राम के मुसलमान हिन्दी कवियों की कविता के उदाहरण भी दिए हुए हैं। आज़ाद बिलग्रामी अरबी-फ़ारसी के जय्यद आलिम और शाइर थे। उन्होंने ख़ुद तो हिन्दी में कविता नहीं की, पर वे थे हिन्दी-कविता के पूरे पारखी। उन्होंने अपने हिन्दी प्रेम का सगर्व उल्लेख किया है। कहीं-कहीं किसी-किसी कविता पर उन्होंने जो नोट दिए हैं, उनसे उनकी हिन्दी मर्मज्ञता का पता चलता है; जैसा कि 'पूरन रस' के प्रणेता दीवान सय्यद रहमतुल्ला और 'कविता-विचार' के रचयिता चिन्तामणि (भूषण और मतिराम के भाई) के प्रसंग में अनन्वयालङ्कार' की बड़ी सुलझी हुई व्याख्या फ़ारसी में उन्होंने की है। गुलाम नबी के 'रस-प्रबोध' पर भी कुछ टिप्पणियाँ उन्होंने दी हैं। हिन्दी के नवरसों पर भी उन्होंने फ़ारसी में अच्छा प्रकाश डाला है।

दीवान सैयद रहमतुल्ला के बारे में 'आज़ाद' ने लिखा है, हिन्दी के बड़े विद्वान् थे। जब वह जाजमऊ में हाकिम की हैसियत से रहते थे, तब चिन्तामणि का एक शिष्य उनके हिन्दी-प्रेम की प्रशंसा सुनकर उनके दरबार में गया, और चिन्तामणि का अनन्वयालङ्कार का यह दोहा उन्हें सुनायाः—

गुँहोऽभूव्वण्डाल स्त्रितयमपि नीतं निज पदम्।।
अहं चित्तेनाश्मा पशुरपि तवार्चादिकरणे,
क्रियाभिश्चाण्डालो रघुवर! न मामुद्धरसि किम्।।
"अच्युत-चरण-तरंङ्गिणी, शशि-शेखर मौलि-मालती माले?
मम तनु वितरण-समये, हरता देया न मे हरिता।"

पर्यायोक्त अलङ्कार की उदाहरणस्वरूप यह सुन्दर सूक्ति भी रहीम ही की कही जाती है—

"आनीता नटवन्मया तव पुरः श्रीकृष्ण! या भूमिका,
व्योमाकाश खखाम्बराब्धिसवस्त्वत्प्रीतयेऽद्यावधि।
प्रीतो यद्यसि तां निरीक्ष्य भगवन् मत्प्रार्थितं देहि में,
नोचेद्ब्रूहि कदापि मानय पुनर्मा मीदृशी भूमिकाम्।।"

रहीम की इन संस्कृत रचनाओं को सुनकर कौन कह सकता है कि यह कल्पना किसी परमपौराणिक हिन्दू भक्तकवि की नहीं है। रहीम का यह दोहा भी भक्ति-रस में शराबोर है—कैसी अद्‌भुत उत्प्रेक्षा है—

"धूर धरत निज सीस पै कहु रहीम किहि काज।
जिहि रज मुनि-पतनी तरी सो ढूँढ़त गजराज।"

"हियो हरत अर करति अति, चिन्तामणि चित चैन।
वा मृग-नैनी के लखे वाही के से नैन।"

दोहा सुनकर दीवान रहमतुल्ला ने कहा कि यह अनन्वयालङ्कार नहीं हो सकता, क्योंकि इसमें नायिका को 'मृगनैनी' कहा गया है, जिससे उसकी आँखों की उपमा हिरन की आँखों से सिद्ध है। चिन्तामणि के शिष्य ने यह बात जाकर चिन्तामणि को सुनाई। चिन्तामणि ने इस आक्षेप को ठीक समझ कर अपने दोहे के उत्तरार्द्ध के प्रथम चरण का पाठ इस प्रकार बदल दियाः—

"वा सुँदरी के मैं लखे वाही के से नैन।"

सैयद रहमतुल्ला की काव्य-मर्मज्ञता से आकृष्ट होकर चिन्तामणि स्वयं दीवान से मिलने गए। बहुत दिन तक उनके दरबार में रहे। यह कथा आज़ाद ने 'सर्वे-आज़ाद' में विस्तार से लिखी है और सय्यद रहमतुल्ला के 'पूरन रस' से बहुत से दोहे अपनी किताब में उद्धृत किए हैं।

मीर ग़ुलाम अली आज़ाद ने हिन्दी कविता की दिल खोलकर दाद दी है। उसमें 'रस-प्रबोध' और 'अङ्क-दर्पण' के प्रणेता सय्यद ग़ुलाम नबी 'रस-लीन' की एक किताब 'नायिकावर्णन' जो उर्दू में रुबाई छन्द में है, उसके भी दो उदाहरण दिए हैं। उसकी ज़बान रेख़्ता यानी उर्दू है, लेकिन सुर्ख़ी (शीर्षक) हिन्दी में दी है—'स्वकीया'। उसका उदाहरण यह हैः

"अज़ बस कि हयादोस्त है वो मायए-नाज़,
इस तरह सूँ है उसके सुख़न का अन्दाज़;
ख़ामें की ज़बाँ सूँ जूँ निकलते हैं हरफ़
पर कान तलक नहीं पहुँचती आवाज़।"

दूसरा शीर्षक है 'विश्रब्ध नवोढ़ा'। इसके उदाहरण की रुबाई हैः—

"आए हैं अगर्चे ख़ूब अय्यामे-शबाब,
पर कुछ उसका छुटा है अब ख़ौफ़ो हिजाब;
तदबीर किए रही है यूँ नायक पास,
जूँ आग में ज़ोर से दवा के सीमाब।"

पैग़म्बर की प्रशंसा (نعت) में उनका एक हिन्दी छन्द भी दिया हैः—

"नूर अल्लाह तें अव्वल नूर मुहम्मद को प्रगटो सुभ आई,
पाछे भए तिहुँ लोक जहाँ लगि औ सब सृष्टि जो दृष्टि दिखाई।
आदि दलील सो अन्त की कहिए 'रसलीन' जो बात भई मन पाई,
तो लों न पावे अल्लाह को किहूँ जो लों मुहम्मद में न समाई।।

हिन्दी का यह प्रसिद्ध दोहा, जो बहुत दिनों तक 'बिहारी' की रचना समझा जाता रहा, और अब तक बहुत से लोग भूल से ऐसा ही समझते हैं, पण्डित रतननाथ 'सरशार' ने अपनी किताबों में उद्धृत करके जिसकी बेहद दाद दी है, जिसके सहारे उन्होंने हिन्दी-कविता को जी खोलकर सराहा है। आप सुनकर प्रसन्न होंगे, वह दोहा बिहारी का नहीं, सय्यद ग़ुलाम नबी 'रसलीन' बिलग्रामी के 'अङ्ग-दर्पण' का हैः—

"अमी हलाहल मद-भरे स्वेत स्याम रतनार।
जियत मरत झुक-झुक पर जेहि चितवत इक बार।।"

'रसलीन' के अतिरिक्त मीर अब्दुलवाहिद 'ज़ौक़ी' मुहम्मद आरिफ़, मीर अब्दुलजलील 'जलील्' सय्यद निज़ामुद्दीन 'मधुनायक', सय्यद बरकतुल्ला 'प्रेमी' की कविताओं के नमूने भी दिए हैं। बिलग्राम मुसलमान हिन्दी कवियों का गढ़ रहा है। आज़ाद ने जिन हिन्दी-कवियों का उल्लेख 'सर्वे-आज़ाद' में किया है, उनके अतिरिक्त भी वहाँ और बहुत से मुसलमान हिन्दी-कवि हुए हैं; जैसे 'अलक-शतक' के लेखक सय्यद मुबारकअली 'मुबारक' आदि।

इबराहीम 'रसखान' से कौन हिन्दी जाननेवाला अपरिचित है। उनके इस सुन्दर सवैए को सुनकर कौन ख़याल करेगा कि वह एक मुसलमान कवि के हृदय का उद्गार हैः—

मानस हों तो वही 'रसखान' बसों ब्रज गोकुल गाँव के ग्वारन,
जो पसु हों तो कहा बस मेरो चरों नित नन्द की धेनु मझारन;
पाहन हों तो वही गिरी को जो धरयौ करि छत्र पुरन्दर बारन,
जो खग हों तो बसेरौ करों मिलि कालिन्दी कूल कदम्ब की डारन।

'रसखान' आदि कृष्णभक्त मुसलमान कवियों की भक्तिभावभरी कविता पर मुग्ध होकर 'भक्तमाल' के उत्तरार्द्ध में भारतेन्दु हरिश्चन्द्र जी ने सच ही लिखा है।—

"इन मुसलमान हरि-जनन पै कोटिन हिन्दुन वारिए।"

उर्दू के मशहूर मौजूदा शाइर हज़रत हसरत मुहानी ने पूर्वी हिन्दी में कुछ पद बनाए हैं, और उर्दू में भी भगवान् श्रीकृष्ण को मुख़ातिब करके कुछ नज़्में लिखी हैं। इनके कुछ नमूने यह हैंः—

आँखों में नूर जलवए बे कैफ़ो कम है ख़ास,
जबसे नज़र प' उनकी निगाहे-करम है ख़ास।

हमको भी कुछ अता हो कि ऐ हज़रते-किशन!
अक़लीमे-इश्क़ आपके ज़ेरे-क़दम हैं ख़ास।
'हसरत' की भी क़बूल हो मथरा में हाज़िरी,
सुनते हैं आशिकों प' तुम्हारा करम है ख़ास।

हिन्दी-पद

[1]

कहाँ गए मोहिं बावरी बनाइ के?
बावरी बनाइ के, झलकिया दिखाइ के? —कहाँ गए०

आँसुन मीजि भई है सिगरी,
रकम सो रंग भभूका चुनरी,
'हसरत' कौन बिथा सब हमरी,
आय सुने—कहे श्याम से जाए के? —कहाँ गए०

[2]

मनमोहन श्याम से नैन लाग,
निसि दिन सुलग रही तन आग।
बिरह की रैन निपट अँधियारी,
रोवत धोवत कटत जाग जाग।
प्रेम का रोग लगाइ-क 'हसरत'
राग-रंग सब दीन्ह त्याग।

मनमोहन श्याम से०

[3]

मन लागी प्रेम के जोग की चाट,
रंग-भभूत बसे ब्रज घाट।
श्यामनगर की भीख भली है,
का कीबे लै राजपाट?

मन लागी०

फूलन सेज बिसारि के 'हसरत'—
कमरी ओढ़ि बिछावत टाट।

मन लागी०

[4]

कासे कहीं नहिं चैन बनवारी बिना?
रोय कटे रैन मुरारी बिना।
कोऊ जतन हिया धीर न धारे,
नींद न आवे नैन गिरधारी बिना।

कासे कही०

देखु सखी! कोऊ चीन्हत नाहीं,
अब 'हसरत ह्वै गैन विहारी बिना।

कासे कही०

[5]

तुम बिन कौन सुने महराज?
राखों बाँह गहे की लाज।
ब्रजमोहन जब मिले, मन बसे,
हम भूलिन सब काम काज।

तुम बिन०

भूलि कुराज सुराजहिं 'हसरत'
प्रभु सों माँगत प्रेमराज।

तुम बिन०

उपसंहार और अपील

हिन्दी उर्दू या हिन्दुस्तानी के नामभेद और स्वरूपभेद के कारणों पर विचार हो चुका। इनकी एकता और उसके साधनों का निर्देश भी किया जा चुका। जिन कारणों से भाषा में भेद बढ़ा, उनका दिग्दर्शन भी, संक्षेप और विस्तार के साथ हो गया। हिन्दी और उर्दू के सम्बन्ध में दोनों पक्ष के बड़े-बड़े विद्वानों की सम्मितियाँ सुन चुके। इन सब बातों का निष्कर्ष यही निकला कि प्रारम्भ में हिन्दी उर्दू दोनों एक ही थीं, बाद को जब

व्याकरण, पिङ्गल, लिपि और शैली भेद आदि के कारण दो भिन्न दिशाओं में पड़कर यह एक दूसरे से बिलकुल पृथक् होने लगीं, तो सर्वसाधारण के सुभीते और शिक्षा के विचार से इनका विरोध मिटाकर इन्हें एक करने के लिए भाषा की इन दोनों शाखाओं का संयुक्त नाम 'हिन्दुस्तानी' रखा गया। इसी अन्तिम ध्येय को सामने रखकर "हिन्दुस्तानी एकेडमी" क़ायम हुई है, जैसा कि उसके नाम और सिद्धान्तों से प्रकट है। भाषा की एकता के लिए हिन्दुस्तानी एकेडमी का यह उद्योग प्रशंसनीय है। यदि एकेडमी इन दोनों को एक करने में समर्थ हो सकी, तो हिन्दुस्तान पर उसका बड़ा उपकार और अहसान होगा। कुटुम्ब के बटवारे की तरह भाषा का यह बटवारा भी कुटुम्ब-कलह और सम्पत्ति-विनाश का कारण है। बहुत से सम्पन्न घराने बटवारे की बदौलत टुकड़े-टुकड़े होकर बिगड़ गए, राज-परिवार भिखारी बन गए। ज़मीदारों और ताल्लुकदारों को इस विपत्ति से बचाने का गवर्नमेंट ने अवध में एक ऐसा क़ानून बना दिया है कि ज़मींदारियाँ और ताल्लुके तक़सीम न हो सकें और बरबाद होने से बचे रहें। हिन्दुस्तानी एकेडमी की ऐसेम्बली भी हिन्दी उर्दू-परिवार के लिए कोई ऐसा ही क़ानून या नियम बना सकी, जिससे यह दोनों, विभक्त न हो सकें, तो भाषा के इस कुटुम्ब पर बड़ा अनुग्रह होगा। यदि हिन्दी उर्दू दोनों संयुक्त परिवार की दशा में आ जाएँ तो फिर इसकी साहित्य-सम्पत्ति का संसार की कोई भाषा मुक़ाबिला न कर सके।

हिन्दी उर्दू का भण्डार दोनों जातियों के परिश्रम का फल है। अपनी-अपनी जगह भाषा की इन दोनों शाखाओं का विशेष महत्त्व है। दोनों ही ने अपने-अपने तौर पर यथेष्ट उन्नति की है। दोनों ही के साहित्य भण्डार में बहुमूल्य रत्न सञ्चित हो गए हैं और हो रहे हैं। हिन्दीवाले उर्दू साहित्य से बहुत कुछ सीख सकते हैं। इसी तरह उर्दूवाले हिन्दी के ख़जाने से फ़ायदा उठा सकते हैं। यदि दोनों पक्ष एक दूसरे के निकट पहुँच जाएँ और भेद बुद्धि को छोड़कर भाई-भाई की तरह आपस में मिल जाएँ तो वह ग़फलत फहमियाँ अपने आप ही दूर हो जाएँ, जो एक से दूसरे को दूर किए हुए हैं। ऐसा होना कोई मुश्किल बात नहीं है। सिर्फ मज़बूत इरादे और हिम्मत की ज़रूरत है, पक्षपात और हठधर्मी को छोड़ने की आवश्यकता है। बिना एकता के भाषा और जाति का कल्याण नहीं। इस बारे में हज़रत 'अकबर' ने जो चेतावनी दी है, उसे सुनाकर, उस पर

अमल करने के लिए आपसे अपील करता हूँ और बस करता हूँ—

"उर्दू में जो सब शरीक होने के नहीं,
इस मुल्क के काम ठीक होने के नहीं।
मुमकिन नहीं शेख़ 'अमरुल क़ैस' बनें,
पण्डित जी बालमीक होने के नहीं।।"[1]

महाशिवरात्रि, शनिवार **–पद्मसिंह शर्मा**
संवत् 1988
(5.3.32)

1. यहाँ उर्दू से मुराद एक मुश्तरका ज़बान 'हिन्दुस्तानी' से है—चाहे उसे उर्दू कहो या 'हिन्दी'।